智效民 — 著

赛先生在中国

18位著名科学家的人生侧影

季同 吴大猷 丁文江 林巧稚

庆来 吴健雄 翁文灏 林可胜

济慈 苏步青 李四光 胡先骕

杬泰 沈君怡 任鸿隽 陈焕镛

竺可桢 凌鸿勋 Scinence 。,

ZHEJIANG UNIVERSITY PRESS
浙江大学出版社

自序

民国以来的科学家群体值得关注

拙著《民国老校长》和《民国教育家》问世以后，出版社的一位编辑对我说："你能不能写一本有关民国以来的科学家的书呢？"最初听到这个建议，我委婉地拒绝了她的好意。之所以如此，大抵有三个理由：首先，民国以来的科学家是一个庞大的群体，他们研究和涉及的领域非常广泛，要想对他们的工作和人生进行一番梳理，是一件非常困难的事；其次，我只有高中文化程度，后来虽然混迹于专业人员队伍，但一直从事有关人文知识分子的写作研究，对自然科学领域的人和事知之甚少，所以不敢轻易触碰；第三，我们生活在一个专业越来越多、分工越来越细的时代，按照专业分工，我是一个社会科学工作者，如果冒冒失失闯入自然科学领域，岂不是犯了"隔行如隔山"之大忌？

但是，人生最大的乐趣就是探索未知领域，何况我年轻时最大的梦想就是当一名科学家！如今我已经年近古稀，如果再不抓紧机会，也许这辈子就真的与自然科学无缘了。因此，经过半年多的思考，我觉得如果能够静下心来，找一些著名科学家的故事讲给大家听听，是一件既有趣又刺激的事。之所以这样讲，也有三个理由。第一，民主与科学是五四运动的两大主题,这些年来,大家对民主、自由的讨论早已深入人心,相比之下,人们对科学方法、科学精神、科学态度以及科学家的命运却似乎关注不够。所以,研究民国以来的科学家有助于弥补这方面的缺憾。第二,多年来我对民国历史的研究情有独钟,并且在这方面积累了不少心得和资料,如今把自己的研究范围扩展到科学家领域,应该没有太大障碍。第三,与人文学者以及社会科学家相比,自然科学家的文字著述不多,所以他们更容易被人遗忘。

经过一段时间的准备,我发现自然科学家们确实具有独特的风采。比如就工作状况而言,他们"那种耐性,那种毅力,那种忘我的求真的努力,那些足以令人气馁的失败,以及忽然发现或证实的刹那间的那种真正的精神上的愉快和高兴"(胡适语),是其他人难以想象和无法体会的;他们那种"充分运用人的聪明智慧来寻求真理,来控制自然,……来使人的精神从愚昧、迷信里解放出来"的努力,也是其他人难以企及的。所以,胡适认为科学史上那些大科学家的传记材料,是鼓励人们探索真理、追求幸福的思想资源和精神动力。由此可见,关注科学家甚至为他们树碑立传,是对历史负责的态度。

据我所知,自民国以来出现了一大批著名的科学家。其中有数学家冯祖荀、胡敦复、熊庆来、何鲁、姜立夫、樊畿、江泽涵、陈建功、苏步青、段子燮、华罗庚,有物理学家叶企孙、胡刚复、饶毓泰、萨本栋、吴有训、严济慈,有化学家任鸿隽、曾昭抡、侯德榜、庄长恭,有地质学家丁文江、翁文灏、朱家骅、李四光,有生物学家胡先骕、陈桢、李继侗、童第周,有气象学家竺可桢、赵九章,有农学家秉志、董时进,有医学家张孝骞、林可胜、黄家驷、林巧稚、杨崇瑞,有工程技术专家顾毓琇、周仁、凌鸿勋、沈怡、茅以升,等等。这些科学家在追求真理的道路上不但有动人的故事,而且在做人做事上也有傲然正气、铮铮铁骨。比如数学家何鲁,不仅指责蒋介石的"新生活运动"是寡廉鲜耻的道德举措,还嘲笑蒋介石是"孬种",认为"今日中国,赵高太多"。又比如物理学家叶企孙,全面抗战开始后,他的学生熊大缜离开清华投奔八路军冀中军区,曾发明了烈性炸药和地雷、雷管,并受到聂荣臻的接见。但是没过多久,此人却以莫须有的"国民党特务"罪名惨遭杀害。新中国成立后,尽管在"两弹一星"功臣中有叶企孙的许多弟子,但是他本人却备受冷遇。"文革"开始后,他又因为"熊大缜事件"遭受牵连,并于1977年在极度痛苦中去世。再比如气象学家赵九章,他早年与竺可桢齐名,是中央研究院气象所所长,国民党败退时拒绝前往台湾。新中国成立后,他不仅培养了大批气象人才,还积极投入空间科研事业的创建工作,从而对中国人造卫星上天做出重要贡献。然而就是这样一位优秀的特殊人才,却在"文革"开始后屡遭批斗,最后因不堪忍受而选择自杀。

从上述挂一漏万的名单中,我发现科学家的传记材料不仅如胡适所说,是鼓励人们探索真理、追求幸福的思想资源和精神动力,而且还是反思20世纪中国历史的一个不可或缺的重要领域。所有这些,都是让我在2014年元旦这一天拿起笔来开始工作的原因所在。

目 录

数学篇

Science

皈依佛法的数学家王季同

清末民初,中国社会上出现了一个研究佛学的高潮。在此期间,杨仁山、桂伯华、沈曾植、梁启超、谭嗣同、庄思缄、夏曾佑、章太炎、熊希龄、欧阳渐、杨度、蒋维乔、丁福保、陈三立、熊十力、谢无量、陈垣、叶恭绰、吕碧城、陈寅恪、汤用彤等人都做出很大贡献。这些人大多是人文学者,相比之下,皈依佛法的数学家王季同,则是比较罕见的一个。

(一) 家族背景

王季同(1874—1948)又名季楷,字孟晋,号小徐,苏州东山陆巷人。

他出身于一个世家大族,据说其祖上原本崇尚武功,仅在宋朝就出了四员大将。北宋末年金兵攻占汴梁,其远祖王惇护驾南渡,途经苏州太湖东山,看到这里山清水秀、风物宜人,再加上早已厌倦了官场争斗,便决心解甲归田,定居于此。因为太湖东山的主峰叫莫厘山,所以人们把这一家称之为"东山王氏"或"莫厘王氏"。

元明以降,莫厘王氏选择了经商之路。经过几代人的努力,王家积资不菲,成为当地商帮的一支主要力量,其中以王惟贞尤为显赫。

然而在等级森严的传统社会,商人毕竟在社会上地位低下。为了改变门风,东山王氏令子弟勤奋读书,以便在科举中谋取出路。到了明代中叶,王家出了一个历经三朝官至内阁大学士的宰相王鏊。据说他在乡试、会试中都是第一名,到了殿试时本来应该是状元,但因为主考官是当朝唯一一位连中三元者,此人怕别人超过他,便把王鏊贬为探花。王鏊入仕后,曾当面斥责权臣刘谨滥杀无辜。另外,他不仅为官清正、学有识鉴、文章典雅、议论明畅,而且对"台阁体"后期的发展有重要贡献。

王鏊晚年回到苏州,经常与唐寅、文徵明等人挥毫泼墨、吟诗作画。逝世以后,唐寅对他有"海内文章第一,山中宰相无双"的评价。

王鏊之后,东山王氏人才辈出,先后有一名状元、一名探花和十几名进士。到了清朝末年,随着西学东渐和门户开放,王氏后人在继承传统文化的同时,开始研究介绍西方的学术文化,并在科学技术方面多有建树。

(二) 父母成就

王季同的父亲是王鏊的第十三世孙,名叫王颂蔚。据陈玉堂编著的《中国近现代人物名号大辞典》介绍:"王颂蔚(1848—1895),江苏长州(今苏州,自署亦作莫厘)人。原名叔炳,字芾卿、黻卿,号蒿隐……光绪六年进士,吴门著名藏书家。官至三品衔军机处行走、户部郎中。"据说他特别想当一名御史,以便揭发惩治那些贪官污吏。后来他有这样的机会,但是军机处以他工作出色、业务熟练为由,拒绝放人。

王颂蔚早年就读于苏州正谊书院（草桥中学的前身），师从著名学者冯桂芬。该书院创办于 1805 年，地址在苏州沧浪亭附近的可园之内。书院取名"正谊"，有"培养士气、端正人心"之意。冯桂芬自幼博览群书，会通经史，精于历算，尤擅长于勾股之学。他年轻时也在这个书院读书，后来考取榜眼，被当时担任江苏巡抚的林则徐誉为"百年以来仅见之人才"。冯桂芬曾经提出"采西学""制洋器""自强攘夷"的主张，他的思想主张对洋务派影响很大。

同治初年，冯桂芬返回苏州，应李鸿章之聘担任正谊书院山长。掌院期间，他培养了吴大澂、陆润庠、叶昌炽、王颂蔚、管礼耕、柳商贤、潘锡爵、袁宝璜等众多人才，其中王颂蔚和叶昌炽、袁宝璜被称为"苏州三才子"。冯桂芬晚年致力于史志编修，曾经邀请王颂蔚等人协助他纂修《苏州府志》。

王颂蔚不仅做官清廉，为人耿直，还鼓励读书人学习测量、化学、光学和制造等西方知识。此外，在担任会试的考官时，他发现蔡元培知识渊博、见解独特，曾"郑重推荐"蔡的考卷①。后来蔡元培在日记中有"谒王黻卿师""王芾卿师招钦广和居"②等记录，可见他们的关系非常密切。

甲午战争失败后，王颂蔚因中日两国的巨大差距而深感悲痛，精神上受到巨大打击。1895 年，他在北京因病去世，终年四十八岁。

王颂蔚的妻子谢长达是一位了不起的女性。丈夫去世后，

---

① 高平叔编著：《蔡元培年谱》，中华书局，1980 年，第 5 页。
② 蔡元培著、王世儒编：《蔡元培日记（上、下）》，北京大学出版社，2010 年，第 18、28 页。

她在苏州成立放足会，自任总理，亲订章程，成为女权活动的代表人物。后来她又在苏州创办振华女校，邀章炳麟、蔡元培、李根源、叶楚伧等人担任校董。这所学校培养出何泽慧、沈骊英、王淑贞、杨绛、彭子冈以及费孝通等著名人物。著名教育家陶行知认为，她是"振兴女子教育最早的先锋"。

1911年武昌起义后，沪、苏等地组织女子北伐队，谢长达亲率学生积极参加募捐活动。民国成立后，她创立苏州女子公益团，热心于保护妇女权利的活动。1917年，她因为年事已高，将振华女校的一切事务交给从美国学成归来的三女儿王季玉接管。

（三）早年经历

王季同是王颂蔚的第二个儿子。他的哥哥王季烈是光绪年间进士，曾任学部专门司郎中兼京师译学馆监督、商务印书馆理科教科书编辑、钦定资政院议员。王季烈的主要成就在翻译科学著作方面，曾与英国人傅兰雅合作翻译了介绍X射线特点及其应用的《通物电光》，重新编写了日本人翻译的大学教科书《物理学》，主持出版了有中、英、日三种文字对照的《物理学语汇》。这些译著为近代物理学在中国的传播做出重要贡献。此外，他还精通诗文曲律，是一位颇有成就的业余昆曲家。

王季同生于1875年，自幼聪明过人，大约十五岁进入京师同文馆学习。京师同文馆成立于1862年，隶属于总理各国事务衙门（简称总理衙门），是一个专门培养翻译人才的教育机构。

一开始它只招收十四岁以下的八旗子弟,后来不仅逐步扩大招生范围,还增加了算学、物理、化学、医学、天文、万国公法和外国史地等课程。著名的美国传教士丁韪良是该馆总教习,总管校务达三十年之久。除了汉文教习之外,同文馆其他课程多由外国人担任。据说最初成立时,社会上对它充满偏见,甚至有人认为学习洋文便是投降了外国人。

王季同进入京师同文馆以后,对数学产生浓厚兴趣。有资料说他在1895年毕业后便留馆担任算学教习,旋有《九容公式》问世,蔡元培称之为少有的数学天才。后来他又出版了《积较补解》《泛倍数衍》等专著,均受到前辈们的肯定。

1902年,蔡元培在上海成立中国教育会并创办"爱国女学",王季同担任数学教员。第二年,中国教育会举行成立一周年大会,王季同"对众宣读修改之章程并本部与支部联络规则,请会员决议"。随后,他当选为该会评议员和监察员①。不久,蔡元培又组织对俄同志会,创办《俄事警闻》,王季同出任该刊主编。1904年,对俄同志会改名为"争存会",《俄事警闻》也改名为《警钟日报》,王季同辞去主编职务。

(四) 回归学术

1909年,王季同接受清政府委任,以驻欧洲留学生监督署随员的身份前往英国。由于酷爱科学,他到达欧洲不久就进入英吉利电器公司和西门子电机厂从事实习研究。在此期间,他

---

① 陶英惠:《蔡元培年谱(上册)》,台湾"中央研究院"近代史研究所,1976年,第125—126页。

发明了转动式变压器。随后,他又在《爱尔兰皇家科学院会刊》上发表了《四元函数求微分法》的论文。有研究者认为,这是中国学者在国际学术刊物发表的第一篇数学论文。

辛亥革命以后,蔡元培担任中华民国临时政府教育总长,王季同应蔡元培邀请回到国内,在教育部从事教育组织、学制改革、学校登记等工作。他的同事包括了钟观光、蒋维乔、周树人、许寿裳、胡梓方等人。

第一次世界大战期间,王季同集资两万元左右,与友人在上海创办大效机器厂。1924年大效机器厂停业后,王季同先后在中国铁工厂、镇江电厂、镇江大照电气公司、吴淞中国铁工厂负责技术工作。

1927年南京国民政府成立以后,蔡元培担任大学院院长,聘请王季同、胡刚复等数十人为中央研究院筹备委员,并指定王季同、周仁、宋梧生为理化实业研究所常务委员。1928年7月,中央研究院工程研究所成立,王季同担任该所专任研究员。1929年,王季同以中国代表的身份,赴日本东京出席万国工业会议和世界动力协会会议。

1930年,王季同又发现分析计算电网络的新方法,这一成果被载入中央研究院创办的英文期刊《科学记录》以后,引起国际学术界高度关注。学术界认为他是国际上最早洞察到电网络组合特性的学者之一,王季同在中国早期电工学领域的学术建树值得称道。此外,王季同还出版了《四元函数的求微分法》《独立变数之转换与级数之互求》《螺旋形弹簧之新公式及不规则图形求面积之图解新法》《变压器诸尺度求最经济比例之方法》《电网络分析的一种新方法》等专著。

（五）佛学研究

如前所述，从晚清到民国，学术界有一个研究佛学的高潮，并涌现出一大批著名人物。据于凌波所著的《中国近现代佛教人物志》(宗教文化出版社,1995 年)介绍，在"居士学者篇"中，从 1837 年出生的杨仁山到 1909 年出生的虞愚，有将近六十人。但是不知什么原因，其中竟然没有王季同先生。

上网查询，居然找到了于凌波所写的《王季同居士传》。于先生说：王季同开始信仰佛教，是 20 世纪初在南京接触杨仁山之后；至于他研究佛学，则是从欧洲归来以后的事。另外，王季同曾为周叔迦的《唯识研究》写过序言，其中谈到了他由科学转而信仰佛教的过程。

翻阅于凌波所著《中国近现代佛教人物志》，在"《唯识研究》作者周叔迦"一章中，引用了王季同的这个序言。王季同写道："我少年时代喜欢研究数理科学，读明季利玛窦、徐光启到清季江南制造局的译本书，周美权先生与我有同好，四十年前我们二人就因为讨论数学结为朋友，对于神秘的宗教，不可以科学说明的，也同抱不信任的心，而深闭固拒。后来我认识了学佛的朋友，又读了大乘经论，才知道佛法圆融，实在不是其他宗教和近代的西洋哲学所可比拟，也决非科学知识所能推翻；于是才发了坚固的信心。"[①]

---

① 于凌波：《中国近现代佛教人物志》，宗教文化出版社，1995 年，第 616 页。

　　另外,该书在"《佛教的科学观》作者尤智表"一章中,也引述了王季同所写的序言。该序言说:"以科学理论为方便,向广大的知识分子弘扬佛法,是我数十年来的凤愿。现在,尤居士却圆满和实践了这个愿望,怎不使我欢欣鼓舞呢?我正要设法与他通信建立友谊,不想尤居士却先我着鞭,已来信商讨有关佛法与科学的问题。从信中,我知道他毕业于交通大学电机系,曾任商务印书馆编辑,后来又赴美国哈佛大学攻读无线电工程,回国后历任浙江大学教授等职务。"[①]由此可见,两人虽然不是同一代人,但是他们的经历和专业却比较接近,因此给人一种惺惺相惜的感觉。

　　王季同致力于佛学研究之后,有《佛法省要》和《佛法与科学的比较研究》等著述问世。1932年,蔡元培为《佛法与科学的比较研究》作序,其中有这样的介绍:王季同"以数学家治科学,尤长于电机工程,承认科学之所长,而又看破它能力的限度。以数学家治逻辑,认为西洋之逻辑,仅能应用于科学,而哲学上非采用印度之因明不可。以数学家治玄学,认为佛法中相宗之理论,非特与科学不相冲突,而可以相成。既已认科学与佛法不相冲突,则科学家如有不能解答的问题,而可用佛法解答的,何妨利用佛法?"[②]

①　于凌波:《中国近现代佛教人物志》,宗教文化出版社,1995年,第624页。
②　高平叔编著:《蔡元培年谱》,中华书局,1980年,第106页。

（六）教子有方

王季同先生于 1948 年在苏州逝世，享年七十四岁。他的子女都是学有所成的著名人物。

长女王淑贞是中国著名的妇产科专家。她 1899 年出生于北京，随后与父母返回苏州进入祖母创办的振华女校学习。八岁时她的母亲因产褥去世，再加上自己自幼体弱，于是她决心献身于医学事业。1917 年王淑贞进入苏州女医学堂，1918 年赴美国留学，1925 年获医学博士学位，1926 年回国后一直从事医学工作，曾任上海西门妇孺医院医师、科主任，上海女子医学院教授、院长等职。新中国成立后，她一直担任上海医科大学妇产科医院院长，在医学界与林巧稚有"北林南王"之誉。但是在 1958 年的"拔白旗"运动中她受到批判，1966 年"文革"开始后，她遭到残酷迫害。她的丈夫倪葆春是中国整形外科创始人之一，曾任上海圣约翰大学医学院院长、上海第二医学院副院长等职务。

长子王守竞出生于 1904 年。他早年就读于苏州工业专科学校，1922 年考入北京清华学校，后来留学美国，曾在康奈尔大学、哈佛大学、哥伦比亚大学分别获得物理学硕士、文学硕士和哲学博士学位。在此期间，他在量子力学方面取得很大成就，其研究成果被同行称为"王氏公式"，至今还被大学物理教材引用。1929 年王守竞学成回国后，应浙江大学之聘担任教授兼物理系主任，1931 年转任北京大学教授兼物理系主任。1932 年，王守竞与夏元瑮、胡刚复、叶企孙等人筹建中国物理学会,并当选为临时执委会委员和第一次年会评议员。① 随后,他还与叶企孙、饶毓泰等人向教育部提出《拟定大学物理课程最低标准草案》,目的是要改变当时大学物理课程出现的一些问题。②

1933年,王守竞应国民政府军政部邀请投身于国防研究,先后筹建了南京光学器材厂和中央机器厂。后者在抗日战争时期不但有很多科研成果,还生产出中国第一台工作母机、第一台大型发电机、第一台大型汽轮机、第一台500马力电动机等产品。1942年,他又研制出中国第一批"资源牌"卡车,这在当时引起很大轰动。王守竞1949年离开中国去了美国,受聘于麻省理工学院的林肯实验室,重新开始物理学研究工作,直到1984年去世。

二女儿王明贞因为在物理学方面的成就,被誉为"中国的居里夫人"。她1906年出生于苏州,后来随父母迁居上海,曾在那里接受中学教育。1926年她进入南京金陵女子大学学习,两年后入燕京大学物理系,毕业时获硕士学位并返回金陵女子大学任教。1938年,她赴美国留学最终获博士学位。留学期间,她对统计物理学,尤其是玻耳兹曼方程和布朗运动有深入系统的研究。她与导师合作完成的《布朗运动的理论》一文,是研究布朗运动最主要参考文献之一,至今仍然被频繁引用。另外,她还在麻省理工学院从事噪声理论和雷达方面的研究,这在当时都是高度机密的研究领域。1955年,她与丈夫从

---

① 叶铭汉、戴念祖、李艳平编:《叶企孙文存》,首都师范大学出版社,2013年,第205—206页。
② 同上,第210—211页。

美国回到中国,不得不放弃理论研究而从事教学工作。1968年,已经六十二岁的她却莫名其妙地被捕入狱。直到1973年,她才以"事出有因,查无实据"为由被无罪释放。

三女儿王守璩毕业于清华大学,曾经留学英国,与晶体物理学家陆学善结婚后,主要从事物理文献的翻译工作。陆学善是1905年生人,早年毕业于南京中央大学物理系和清华大学研究院。后来出国留学,他获得英国曼彻斯特大学物理学博士学位,回国后历任北平研究院镭学研究所研究员及晶体学研究室主任。新中国成立后,他担任中国科学院应用物理研究所研究员,主要从事晶体物理学和X射线晶体学研究,是中国晶体物理学研究的主要创始人之一。为了解陆、王夫妇的情况,笔者在孔夫子旧书网上看到王守璩在1981年写给科学出版社周荣生的一封信,其中谈到陆学善突然去世的情况。原来,陆当时正在学部开会,其单位医务人员突然动员他去阜外医院检查身体,没想到被打了一针,就发生意外。

二儿子王守融,十六岁考入清华大学机械工程系,攻读航空工程专业。由于他勤奋好学、才华出众,毕业后被留校任教,年仅二十岁上下。全面抗战开始后,他随校南迁,专门从事飞机性能与结构方面研究。1940年,他出任中央机器厂工程师兼第七分厂厂长。1945年赴美国与加拿大进行考察和研究,1948年回国后出任资源委员会下属上海机器厂厂长,新中国成立后,应南开大学邀请担任机械工程系教授。1952年院系调整时,南开大学工学院并入天津大学,王守融担任天津大学工程系教授、教研室主任等职,并负责创建了中国第一个精密机械仪器专业。王守融是中国仪器工程教育和计量测试技术的开拓者。可惜在"文化大革命"开始后,他被打成"反动学术权威"惨遭迫害,于 1966 年 8 月去世,年仅四十九岁。

三儿子王守武,是中国半导体科学的奠基人之一。他虽然从小体弱多病、性格内向,但是却喜欢思考,酷爱数学。高中毕业后他因病耽误升学,遂进入同济大学德文补习班学习,第二年考入同济大学机电系。这时"卢沟桥事变"爆发,他随校离沪内迁到达昆明,1941 年毕业后进入其大哥负责的中央机器厂当了一名工务员,但因不能适应工厂环境,便转到同济大学任教。抗战胜利后,他远渡重洋,去美国印第安纳州普渡大学攻读工程力学,第二年获硕士学位。随后他转入量子力学研究,两年后获得博士学位。1949 年,他与外籍妻子一同返回中国,从事半导体研究,成为中国半导体研究的奠基人之一。

四儿子本来叫王守觉,因弟弟王守平在报考大学时冒用他的名字,所以他只好改名为王守元,把"王守觉"这个名字让给弟弟。王守元生平不详,在此从略。

五儿子王守觉于 1925 年 6 月 27 出生在上海。他原名王守平,五岁时被送进上海采福里小学就读,后因全家移居苏州,从四年级起又进入苏州彭氏小学,在这里受到了比较系统的初等教育。1936 年,十一岁的王守平进入苏州东吴大学附中读书。一年后日本全面侵华战争爆发,他随父母逃到昆明。1939 年,他初中毕业后本想报考高中,却因疾病缠身辍学在家。1941 年底,王守平看到原来的同班同学都快要高中毕业考大学了,便开始自学高中课程。1942 年夏天,他以同等学力报考大学,因没有高中学历证明不能考本科院校,只能考入西南联大的电讯专修科学习。在西南联大学了两个月以后,他对自己专科的学历心有不甘，便在家里找到了一张四哥在上海震旦大学念书时的成绩单，以沦陷区流亡到后方的学生王守觉的身份，考上了同济大学电机系弱电专业，从此他就把自己的名字由"王守平"改为"王守觉"，并自此沿用。

进同济大学以后，他曾经响应政府号召弃学从军，两年后又回到学校继续原来的学业。1948年，他因为学习优异，获得国民政府教育部设置的"中正"奖学金。1949年王守觉大学毕业后，曾在上海从事研究工作，1956年以后被调到中国科学院物理所从事半导体研究，并参加了我国第一支锗合金晶体管的研制工作。如今，王守觉被誉为中国半导体器件与微电子技术研究的开拓者之一。

有人问王守觉：你们家的孩子一个个都那么杰出，你父亲是怎么教育的呢？王守觉回答说：我父亲的教育方法可以用"三句半"来概括：一是言教不如身教；二是多说不如多看；三是尊重自我发展；最后半句是——少管。

这就是王季同的教子之道。

熊庆来的辉煌人生与悲惨结局

　　熊庆来(1893—1969)是中国数学界的泰斗级人物,他一生做了两件大事:一是研究数学,二是教书育人。在数学方面,他的函数论研究成果被誉为"熊氏无穷极"(即"熊氏定理"),并载入世界数学史册;在育人方面,他培养了华罗庚、严济慈、赵忠尧、陈省身、许宝騄、庄圻泰、钱三强、杨乐、张广厚等一大批优秀数学家,使中国数学的研究达到国际水平。新中国成立后他客居海外,是周恩来总理把他请了回来。然而就是这样一位大数学家,却在"文革"中惨遭迫害,撒手人寰。更不可理喻的是,在他去世之后,人们都不能对他表示哀悼,为此华罗庚写下"恶莫恶于除根计,痛莫痛于不敢啼"的诗句。

　　众所周知,民主与科学是五四运动的两大主题,因此回顾一下熊庆来的辉煌人生和悲惨结局,既是对五四运动的纪念,也可以看出现代科学在中国的曲折命运。

(一) 故乡:往事追思记从头

　　熊庆来,字迪之,1893 年 10 月 23 日出生于云南弥勒县朋普镇息宰村。据史料记载,唐朝的时候这里属南诏国管辖,因当地少数民族的首领名叫弥勒,故称其部落为弥勒部。到了元代这里改为弥勒州,清代又改为弥勒县并一直相沿至今。由此可见,弥勒这个地名与佛教无关。

关于"息宰村"的来历,则有一个无法考证的传说。据说熊庆来小的时候,曾经听摆渡老人讲过一个故事。老人说,因为这里是汉人和少数民族混居的地方,所以经常会为一些纠纷发生惨烈的械斗。在一次大规模冲突之后,血的教训终于让大家幡然悔悟,为了弭兵息战,人们把自己的村庄命名为"息宰村"。

其实熊庆来一家本来是江西抚州府金溪县熊家寨人,其祖上因为随清军来云南镇守边疆,便在这里安家落户。熊庆来的曾祖父是个贩盐的商人,他白手起家,诚实守信,往来于竹园、开远一带。尽管如此,到了熊庆来的祖父熊凤翔那一代,他们家仍然没有脱贫致富。据说熊凤翔结婚时,因为没钱雇请花轿,他只好和朋友用一把旧竹椅把新娘抬了回来。

熊庆来的祖母进门后,发誓要让熊家振兴起来,为此她省吃俭用让儿子读书识字。熊庆来的父亲熊国栋长大后,曾经担任过云南巧家县儒学训导,后来又在赵州府(今属大理市)担任学官,这为熊庆来的早期教育提供了良好的条件。幼年时期的熊庆来好奇心非常强烈。有一天他把筷子插在盛水的碗里,看到筷子好像断了,便问父亲是怎么回事。由此可见,他是个喜欢观察、肯动脑筋的孩子。

熊庆来七岁那年来进入私塾,开始接受启蒙教育。"六七年的'子曰诗云',练就了熊庆来的古体诗功底,同时也为他建构了做人的基本间架。"[①]为了培养儿子,熊国栋请了两位先生,除了读传统典籍之外,还教法语、数学和自然科学的基础知

---

① 《熊庆来纪念集》,云南教育出版社,1992年,第165页,转引自李作新主编:《熊庆来与云南大学》,云南大学出版社,2011年,第213页。

识。云南地处西南边陲,与东南亚法国殖民地接壤,所以自开埠以来具有"得风气之先"的优势,这对熊庆来的成长也有很重要的作用。

进入 20 世纪以后,清政府开始推行以"废科举、办学校、改官制、整吏治"为主要内容的新政。在新政的影响下,云南先后成立了方言学堂、高等学堂、东文学堂、法政学堂、工矿学堂、农业学堂、商业学堂、速成铁道学堂、师范学堂、讲武学堂以及一大批中小学堂。1907 年,十四岁的熊庆来随父亲来到昆明,考入云南方言学堂的预科。方言学堂是清朝末年对外国语文学堂的通称,其课程除了国文、数学、格致(自然科学的旧称)之外,外语占的分量很重。后来云南方言学堂改名为高等学堂,熊庆来继续留在这所学校。在此期间,要求民主宪政和独立自由的呼声日益高涨,熊庆来因参加学生组织的示威活动,还受到学校的记过处分。

(二)妻子:松菊今最好,何处隐婵娟

1909 年,十六岁的熊庆来遵照父母之命,与家乡一位教师的女儿姜菊缘结为夫妇。姜小姐与熊庆来同龄,她的生日是九月初九,故取名菊缘。因为是父母包办,所以他们既不互相了解,更谈不上感情交流。根据当地的风俗习惯,新娘在入洞房时要向新郎叩头,这叫"挑水头",意思是向天天都要挑水的新郎表示感谢。叩头之后,新郎还要跨过新娘的头顶,意思是老婆就要任我打来任我骑。出人意料的是,当姜菊缘向熊庆来磕了"挑水头"之后,熊并没有按规矩行事,而是向她深深地作了

个揖。这让姜菊缘十分感动,也赢得现场嘉宾的交口称赞。

1911年,熊庆来考入云南省外文专修班学习法语,两年后他以第三名的优异成绩考取赴比利时留学的公费生资格。这时,他的第一个儿子熊秉信刚刚出生,真可谓双喜临门。但是当他回到家乡把自己即将出国的消息告诉家人的时候,却遭到父辈的坚决反对。反对的原因大致有三个:一是怕他出去以后不再回来,二是怕他万一生了病无依无靠,三是怕他数典忘祖变成"洋奴"。就在这时,祖母对他的支持起了关键作用。

如前所述,熊庆来的祖母是一个极其贤惠而又有远见卓识的乡村女子。据熊庆来的孙女熊有德讲,当年熊庆来去昆明读书的时候,曾因父亲反对而断了学费,是老祖母拿出自己的私房钱,帮助他完成了学业。

另外,姜菊缘也非常支持丈夫的选择。当年熊国栋让儿子早早结婚,本来是想通过婚姻拴住他的心。没想到结婚后没过几天,熊庆来就匆匆返回学校。当老祖母向姜菊缘追问原因的时候,她的回答是"学业要紧"。

熊庆来出国以后,他的父亲讨了个小老婆。据说这个女人为人刻薄,很难侍候,因此姜菊缘颇受欺辱。直到熊庆来留学归来担任东南大学教授以后,她才离开这个大家庭。后来熊庆来又多次出国,姜菊缘带着孩子吃了不少苦,但她总是默默忍受。姜菊缘虽然没有文化,却是个深明大义的女人。大约是1980年,她在接受记者采访时说:"熊庆来的人生态度是不要做官,要做学问。"当对方说"大学校长也是官"时,她立刻纠正道:"不,大学校长不是官,是教师,是培养人才的人。"记者的话表达了一种错误的观念,姜女士的话则道出了大学的精神所在。

（三）留学：驱车致远有康庄

熊庆来出国留学与辛亥革命以及蔡锷治滇有关。1911 年10 月底,时任云南新军协统的蔡锷为了响应武昌起义,成立了云南省军政府并自任都督。上任以后,他通过革除弊政、更新人事、整顿财政、裁减军队、兴办教育、开发实业等措施,使云南呈现出一派生机勃勃的景象。与此同时,他也深感人才缺乏,便决定通过考试选拔青年学生出国留学。1913 年,云南省向海外派遣公费留学生十三人,熊庆来就是其中一个。这些人出国以后,分别学习矿业、数学、物理、化学、电工等专业,熊庆来选择了去比利时学习采矿。之所以有此选择,显然与当时的实业救国思潮以及云南丰富的矿产资源有关。

没有想到的是,就在他到达比利时的第二年,比利时因第一次世界大战爆发被德国占领,于是他只好离开那里,绕道荷兰、英国去了法国。这时法国的矿业学校也因为战争而关闭,所以他只好改学数学和物理学专业。

熊庆来到达法国时,正值居里夫人获得诺贝尔化学奖。十年前,居里夫妇曾与他人共同获得过诺贝尔物理学奖,因此居里夫人与近代微生物学的奠基人巴斯德就成了熊庆来最钦佩的两位科学家。

由于时局动荡,熊庆来在法国往往不能按时收到国内汇款,这使他经常陷入生活的窘境。在此期间,他又因为营养不良患上了肺结核病,所以有一种雪上加霜的感觉。

法国是近代启蒙运动的发祥地,这场运动所强调和倡导的天赋人权、三权分立、自由平等、民主宪政等思想,对中国的戊戌变法和辛亥革命产生了巨大影响。遗憾的是,熊庆来在留学期间好像对这一运动没有什么反应。究其原因,恐怕与他的个性以及所学的专业有关。这一点,从他的家信中可以看出。他在信中对父亲说:"戏院、酒店、舞厅,男不喜入。谚语道,一寸光阴一寸金,寸金难买寸光阴。男以努力读书为要。"

经过七年苦读,熊庆来终于在1920年从马赛大学毕业,获得理科硕士学位。

(四) 回国:渡尽重洋渡甸溪

1921年年初,熊庆来踏上了回国的旅程。经过长时间的海上颠簸,当他抵达越南海防港上岸的时候,正好是春节来临。越南因为受中国文化的影响,也把春节当作辞旧迎新的传统节日,每逢春节,家家都要贴春联、放爆竹、祭祖先、吃年糕。熊庆来在越南看到这种热闹的场面,想起了儿时在家过年的情景。于是他百感交集,赋诗一首:

爆竹声中惊岁除,国门欲入还三宿。

家中今夕欢乐事,高地围餐燃高烛。

随后,他抵达河内住进一家旅馆。当时他听一位法国人说云南发生政变,唐继尧在春节那天通电辞职被迫流亡香港,云南政局被驻川滇军第一军军长顾品珍所控制。据说顾品珍发动政变的原因是唐继尧穷兵黩武,搜刮民财,大兴土木,穷奢极

欲,致使云南"盗匪充斥,农工辍业,米珠薪桂,十室九空"。为此熊庆来在诗中感叹道:

> 行至国门传政变,唐家威福告途穷。
> 滇南今后谁为主,劳苦功高说顾公。

这一年的春节是公历 2 月 8 日。春节过后,熊庆来经过长途跋涉,终于抵达家乡附近的一条小河——甸溪。过河的时候,他在渡船上遇到一位留着长胡须的族兄。当对方与他打招呼时,他很自然地用家乡话做了回应。这时他才意识到,自从出国之后,他就很少使用家乡话了,于是他又吟诗一首:

> 渡尽重洋渡甸溪,归心煎迫如调讯。
> 髯翁向我惊呼弟,勉作乡音叹久离。

过河以后,二人向村子走去。乡亲们听说他从海外归来,纷纷出来欢迎。在欢迎的人群中,就有他的儿子秉信。秉信是熊庆来出国以后五个月出生的,因此父子从来没有见过面。这时的秉信,已经是八岁的大孩子了。对于这种情景,熊庆来也有诗为证:

> 人群迎我集村边,喜溯欢声趋向前。
> 两弟身高不复识,亲儿初见紧相牵。

回家之后,熊庆来首先祭拜了去世的祖母。祖母去世的消息是他在马赛港登船时得知的,所以他在诗中写道:

> 离欧忽接恶消息,跨海涉洋心悲戚。
> 归回不闻謦欬声,留瞻遗像神奕奕。

伤感之余,他决心励志向学,以报答祖母的关爱。

熊庆来出国后,他的父亲娶了小老婆。他觉得这是一种陋俗,但又不好直说,所以他在《见父》一诗中委婉地表达自己的不满:

> 过庭举目见严君,欢喜声中露隐情。
> 恨事终当能补救,家风总要从今新。

熊庆来回国之前,时任云南都督的唐继尧正在筹办私立东陆大学(唐的别号是"东大陆主人"),以改变云南没有大学的状况,为此他请熊庆来前来执教。熊庆来回国后,恰逢顾品珍发动政变,唐继尧流亡香港,所以熊庆来只好去了云南甲种工业学校教书。出人意料的是,没过多久,熊庆来又收到东南大学校长郭秉文的聘书,于是他当机立断,带着老婆孩子离开昆明去了南京。

(五)执教:纵步择幽多洁径

东南大学的前身是三江师范学堂,由两江总督张之洞于

1903 年创办。后来为了与"两江"相匹配,遂改名为两江优级师范。辛亥革命以后,该校又改名为南京高等师范。1915 年,从美国哥伦比亚大学师范学院留学归来的郭秉文先后担任该校教务主任和校长,以民主理念办学,以科学精神治校,使这所学校迅速成为教育界一大重镇。1921 年,郭秉文将南京高等师范改名为东南大学,并提出"通才与专才平衡、人文与科学平衡、师资与设备平衡、国内与国际平衡"的办学方针。为此,他先后聘请任鸿隽、叶企孙、胡刚复、竺可桢、熊庆来、秉志、茅以升、胡先骕、梅光迪、吴宓、杨杏佛、陶行知、陈鹤琴等知名学者前来任教。由于该校理工科师资力量强大,所以获得了"北大以文史哲著称,东大以科学名世"的良好口碑。

熊庆来接到郭秉文的聘书以后,觉得有三个"意外":一是他远在云南,居然会被东南大学聘用;二是他原以为应该从讲师做起,没想到却被聘为教授;三是他还被委以重任,担任了该校算(数)学系主任。

为什么东南大学会聘请熊庆来执教呢?这与该校数学教授何鲁有关。何鲁也是从法国归来的留学生,当时他要去上海另谋高就,便向郭秉文推荐了熊庆来。据著名物理学家严济慈说,1918 年他考入南京高等师范时,该校只有史地学部和数理化学部,除此之外,还有商科和工科两个专科。入学后他选择了商科和工科,后来因兴趣不合,才转入数理化学科。

严济慈还说,转到数理化学科以后,正好何鲁是他的老师。何讲课时许多人听不懂,于是大家纷纷罢课以示抗议。在这种情况下,他就成了何先生唯一的学生。熊庆来到达后,对严济慈也很欣赏,每次他交来作业,熊先生都要写一个大大的"善"字。所以他觉得在东南大学读书时,这两位先生对他的影响很大。

2010 年 11 月,严济慈的儿媳妇吕锡恩在接受《科学时报》采访时曾经表示,她的公公严济慈之所以能够取得一些成就,与他在大学时遇到的三位恩师——何鲁、熊庆来、胡刚复密不可分。她说:"1923 年父亲东南大学毕业,何鲁先生毫不迟疑地推荐父亲去法国留学,并答应资助父亲在法国留学的费用。……后来何先生家出了一点问题,一时无法给父亲寄钱,父亲万分焦急,彻夜难眠。熊先生得知后,竟将自己的皮袍卖掉,给父亲寄去了钱。"

关于卖皮袍资助学生的事,还有好几个版本,其中一个版本说,姜菊缘怕卖了皮袍之后影响熊先生过冬,便向邻居借100 块大洋寄了过去。还有版本说,他们资助的是另外一个学生。

到了东南大学以后,熊庆来发现国内在数学领域还没有成熟的讲义和教材,便先后编写了《平面三角》《球面三角》《方程式论》《解析函数》《微分几何》《微分方程》《动学》《力学》《偏微分方程》等十多种讲义,其中一部分讲义至今还是我国理工科大学的通用教材。

当时熊庆来才三十岁上下,正是年富力强的时候。但是在超负荷的教学、写作过程中,他还是因为劳累过度而患了肋膜炎,无奈之下只好住院治疗。他之所以变卖皮袍资助严济慈,大概与这次生病有关。

（六）学生：处处庭园花满窗

1926年,熊庆来离开东南大学来到清华学校任教。当时北伐战争已经开始,长江中下游一带战火纷飞、人心惶惶,所以熊庆来离开南京也在情理之中。清华本来是利用庚子赔款成立的一所留美预备学校,后来为了实现教育独立的愿景,该校于1925年成立大学部,目的是把这所学校逐渐改变成一所正规的大学,从而取代留美教育。

台湾学者苏云峰在《从清华学堂到清华大学》一书中说,熊庆来到清华是该校理学院院长叶企孙推荐的;与此同时,苏云峰把熊庆来列为"在非清华出身的教授名单中,我们亦可以看到日后闪耀的明星"之一。该书还说,熊庆来到了清华以后,首先是创办了清华算学系,开设了微积分、微分方程、分析函数等高难度的课程。随后,他又代理理学院院长,并讲授近代几何初步和微积分等课程[①]。在此期间,熊庆来编写了五六种讲义和教材。其中《高等算学分析》因使用效果较好,被商务印书馆于1933年正式出版,并列入第一批《大学丛书》。

中国近现代数学教育是从清末民初的留学热潮中开始的。当时较早出国学习数学的有留日学生冯祖荀(1903年),留美学生郑之蕃(1908年)、胡明复(1910年)、姜立夫(1911年),留法学生何鲁(1912年)、熊庆来(1913年),留日学生陈建功(1913年)等人。

---

① 苏云峰:《从清华学堂到清华大学》,生活·读书·新知三联书店,2001年。第146—147页。

这些人学成回国后都进入高等院校,成为中国现代数学教育的骨干力量。20 世纪 20 年代,南开大学、东南大学、清华大学、武汉大学、齐鲁大学、浙江大学、中山大学先后创建了数学系,到 1930 年前后,全国各地已有三十所大学设立了数学系或数理系。

为了培养研究型人才,熊庆来于 1930 年在清华大学创办了数学研究部,并开始招收数学专业的研究生,于是陈省身、吴大任成为国内最早的数学研究生。在熊庆来的影响下,先后出国学习数学的有江泽涵(1927 年)、陈省身(1934 年)、华罗庚(1936 年)、许宝𬤇(1936 年)等人,他们学成回国后都成为数学界的后起之秀。据陈省身回忆,当年他考取清华研究生以后并没有马上开始学习专业课程,而是为熊庆来当了一年的助教。在此期间,他与熊先生朝夕相处,对其人格魅力极其钦佩,所以他在一篇文章中说:"迪(之)师为人平易,是一个十分慈祥的人,同他接触如坐春风。他在清华那一段时期,不动声色,使清华数学系成为中国数学史上光荣的一章。"①

熊庆来认为,大学的重要在于学术的生命与精神,所以他特别重视开展学术活动。在东南大学的时候,他一方面购置大量图书期刊与名家专集,一方面大力倡导学术交流。在清华大学期间,他还聘请法国数学大师哈达马和美国数学家维纳(控制论发明人)到清华开课讲学。当时清华工学院的李郁荣教授在写给维纳的信中说:"清华以工学院拥有的设备和装置而自

---

① 李作新主编:《熊庆来与云南大学》,云南大学出版社,2011 年,第 193 页。

豪。数学系的图书馆与麻省理工学院的一样完善……"①

除此之外,熊庆来在清华大学最得意的一件事就是发现了数学天才华罗庚。大约是1931年年初放寒假以后,熊庆来在图书馆看到《科学》杂志上发表的一篇数学论文,标题为《苏家驹之代数的五次方程式解法不能成立的理由》,作者是名不见经传的华罗庚。

苏家驹是一位中学物理教师,1929年他在上海一份杂志上发表《代数式的五次方程之解法》,华罗庚发现其中有计算错误,便写了这篇文章刊登在同一家杂志上。熊先生读了以后,觉得这篇文章层次清晰、论证周密、语言简练,不禁拍案叫绝。随后他到处打听华罗庚是哪个大学的教授,有人告诉他华罗庚只是南方某中学的一名庶务员。于是在他和叶企孙的推荐下,清华大学破格录用了华罗庚。

1932年,熊庆来赴瑞士苏黎世参加国际数学家大会。会后,他利用清华五年一次的例假,又请假一年,在巴黎从事研究工作。这次出国他选择了函数论作为专攻方向。1934年,他的论文《关于无穷级整函数与亚纯函数》发表,并以此获得法国国家博士学位。这一研究成果被数学界称为"熊氏无穷级",并被载入国际数学研究的史册。

熊庆来1935年回国后,中国数学会成立大会在上海召开,他与三十多名代表出席了这次盛会。1936年,熊庆来与另外几位数学界同仁共同创办了《中国数学会学报》和《数学杂志》,这一切都标志着中国现代数学研究已经颇具规模,进入全面发展的历史阶段。

---

① 苏云峰:《抗战前的清华大学》,台湾"中央研究院"近代史研究所,2000年,第112页。

（七）办学：滇南学府，高耸云边

正当熊庆来的数学生涯进入佳境的时候，华北地区却在日军的逼迫下陷入前所未有的危急。就在这时，熊庆来收到云南省政府主席龙云的邀请，请他出任云南大学校长一职。

龙云原名登云（彝族），云南昭通人。他早年参加过反清斗争，1914 年从云南讲武堂毕业后因受唐继尧赏识，从下级军官被提拔为侍卫队长，随后又担任团长、军长和昆明镇守使等职。1927 年，他在国民革命的影响下与胡若愚策动政变迫使唐继尧下台。1928 年，他在争夺云南统治权的斗争中战胜胡若愚，被蒋介石任命为云南省主席兼国民革命军第十三路军总指挥。到了 1937 年，云南在龙云的经营下已经成为政局稳定、经济良好、实力强大的地区。但是就在这时，云南大学爆发学潮，校长何瑶被赶出学校。云南大学的前身是私立东陆大学，何瑶上任后将该校从私立改为省立，初步解决了办学经费问题。但是长期以来，该校教师的工资水平仅仅是国立大学的三分之一，再加上其他因素，他成为被学潮攻击的主要对象。

无奈之下，龙云只好换人。在张邦翰、缪云台、龚自知、方国喻和顾映秋（龙云夫人）等人的推荐下，龙决定请熊庆来回来担任校长。

熊庆来收到龙云的邀请电之后，曾向清华提出辞职但未被批准，于是他只好请假返滇。1937 年 6 月，也就是"七七事变"的前夕，熊庆来乘火车经天津来到南京，顺便与国民政府有关人员商讨云南大学的办学经费等问题。随后,他经过上海、香港、海防、河口等地抵达昆明。

见到龙云之后,熊庆来提出五项要求:第一,将云南大学改为国立;第二,将教师工资提高到国立大学的水平;第三,省政府不得干预学校事务;第四,校长有招聘和解聘教职员的权力;第五,学生入学需经考试录取,不得凭条子介绍。

对于这些教育独立的基本条件,被称为"云南王"和"大军阀"的龙云不仅全部答应下来,而且马上照办。随后,龙云还曾亲自到南京去找蒋介石,要求将云南大学从省立改为国立,并得到批准。

为了动员社会各界捐资助学并做出表率,龙云每年都要向云南大学捐赠数万甚至数十万元。此外,龙夫人顾映秋还用自己的私房钱为云南大学盖了一幢女生宿舍。该宿舍由梁思成、林徽因夫妇设计,取名"映秋院"。

1937年9月16日,熊庆来亲自主持了上任后的第一个开学典礼。他在讲话中提出了云南大学应该努力的方向:"一、教授方面,请有学问湛深、经验宏富者数人以为领导,俾学生得善诱之誉;二、设备力求充实,……以成良好学人,为他日学术上之栋梁;三、教授之著作及研究结果设法发表,以增加学校精神。"[①]

上任之后,熊庆来还提出了自己的办学宗旨:一是慎选师资,以提高学校地位;二是严格考试,以提高学生素质;三是整饬校纪;四是充实设备;五是培养研究风气。

---

① 李作新主编:《熊庆来与云南大学》,云南大学出版社,2011年,第49—50页。

全面抗战开始后,熊庆来以厚德载物、会泽百家的精神,先后聘请一大批著名学者专家前来任教。其中文史学者中有顾颉刚、张奚若、潘光旦、冯友兰、罗隆基、吕叔湘、汤用彤、刘文典、胡小石、姜亮夫、钱穆、吴文藻、林同济、费孝通、施蛰存、白寿彝、尚钺、楚图南、徐嘉瑞、华岗、吴晗、金琼英(女)等人,自然科学家中有陈省身、华罗庚、庄圻泰、严济慈、王士魁、赵忠尧、曾昭抡、赵雁来、陈植、秦仁昌等人。其中张奚若、潘光旦、冯友兰等人虽然是西南联大或其他大学的教授,但也都被熊庆来请来兼课。

抗日战争胜利后,随着众多学者的离开和内战的重新开启,云南大学陷入前途未卜的境地。

(八) 流亡:桃园究竟是他乡

1949 年年初,熊庆来奉国民政府教育部派遣,赴巴黎出席联合国教科文组织第四届大会。到了巴黎以后,他因患脑溢血住院治疗,生活陷入困顿。

1954 年,年过花甲的熊庆来到达风光旖旎的瑞士萃里希湖附近养病。为此,他在诗中表达了自己的见闻和心情:

> 此来萃里是三游,往事追思记从头。
>
> 济济衣冠忆昔盛,摇摇杖履叹今忧。
>
> 湖山景色好消遣,葭莩情深为连流。
>
> 沉病未许赋归去,岂把杭州作汴州。

置身疑在乌托邦,处处庭园花满窗。

纵步择幽多洁径,驱车致远有康庄。

湖山坐对思今昔,葭蒲征还道短长。

欲解愁怀终不得,桃源究竟是他乡。

　　在这前后,陈立夫曾经亲自登门造访,恳请他去台湾任职。与此同时,新成立的人民政权也向他抛出了橄榄枝。据熊庆来的孙女熊有德说:"1954年,华罗庚率领中国代表团去瑞士参加世界数学大会,同时带了一封周总理的信给爷爷。据中国著名医学专家范秉哲先生回忆,当时爷爷给他看了这封信。在信中,周总理谈到中国政府对高级知识分子的政策,欢迎他们回国参加建设,并给予高薪待遇,使他们有条件发挥自己的才能。周总理也请爷爷和他的朋友们回国看看,去留由他们自己决定,来去自由。范秉哲先生和爷爷商量后约好1956年回国,后来爷爷因病重未能如愿成行,范秉哲先生只好和夫人先行。"①

　　熊有德还说:"1957年,爷爷终于可以动身回国了。我国驻瑞士大使馆根据周总理的指示,给爷爷一笔安家费,以便爷爷购置他所需要的物品。但爷爷分文未动,全部还给国家,自己只带了两个简简单单的箱子踏上回国的路程。他出国时,曾经带了一笔为云南大学购书的钱,虽然他已将书寄回云南大学,但是还有一些余款。就算在病重期间,他也不曾动用,还给了云南大学。他说:'这是国家的钱,我们千万不能动。'他就

---

① 本文所引熊有德原话,均参见浙江文艺出版社2009年4月出版《我和爷爷熊庆来》的有关章节。

是这样，廉洁奉公，保持一生清白。"

这里讲的范秉哲，在熊庆来担任云南大学校长期间，他是该校医学院院长。1949年他前往法国讲学，与熊庆来关系非常密切。

需要注意的是，熊庆来赴法国开会时，并没有带妻子同行。这一年年底云南"和平解放"，熊夫人在土改中被打成地主押回老家监督劳动。1953年华罗庚去云南出差，到昆明后的第一件事就是寻找他的师母。当时姜菊缘刚从老家回来，住在一条偏僻的小巷里，所以华罗庚经过很大周折才把她找到。后来华罗庚对熊有德说："当时我心里有说不出来的感觉，难道当年誉满天下的熊庆来的夫人会住在那么偏僻的小巷里?"当华罗庚与接待他的人找到这条小巷时，发现后面有几个黑影一直跟着他们。他怀疑是遇上土匪，后来才知道那是云南省政府派来的保卫人员。

（九）回国：跨海涉洋心悲戚

熊庆来是1957年6月返回北京的，回国后他被安排在中国科学院数学所工作，这时"反右"运动已经进入尾声阶段。

需要说明的是，就在熊庆来回国前夕，曾昭抡、华罗庚、钱伟长、童第周、千家驹等人为响应毛泽东的帮助中共整风的号召，在民盟中央的一次小组会上提出了保护科学家、争取科研自由的意见。但是到了7月6日，《人民日报》发表署名文章，气势汹汹地指责他们是要向党夺取对科学工作的领导权。

突如其来的风向转变让科学家陷入人人自危的境地。据说中国科学院党组书记张劲夫意识到问题的严重性,经过一番运作,终于在科学院没有划一个"右派"。相比之下,隶属于教育系统的曾昭抡和钱伟长却因此被打成"右派"。

"反右"运动后期,还有一个"拔白旗插红旗"运动。在这个运动中,华罗庚被当作"白旗"面临被拔掉的危险。在这种情况下,熊庆来的处境可想而知。1958 年中秋之夜,熊庆来与妻子在家中独自过节,想到不能与儿孙欢聚一堂,不禁黯然神伤。于是他吟《中秋月》一首:

> 风雨度中秋,一家只二老。
>
> 思念远离儿,那堪回肠绞……

1959 年,熊庆来被选为全国政协委员,1964 年又成为全国政协常务委员。在此期间,他经常到外地视察,并用"前景无限好,处处见光明"的诗句来表达他的感受。

1962 年,年届古稀的熊庆来招了两个研究生,他们是来自北京大学数学力学系的杨乐和张广厚。当时杨乐正与黄万里的女儿黄且园谈恋爱,黄且园的弟弟黄鲁淳当时正读高中,也是个数学爱好者。他问这位未来的姐夫:"熊先生那么大年纪了,他收你们当研究生是不是做个样子呀?"杨乐回答说:"初次见到熊先生时,他就说他是老马识途,愿意给我们领路。随后,他还从书架上取下一本俄文版的小册子,这本数学书对我们的研究有很大帮助。"

不幸的是,1966年"文革"开始以后,熊庆来被打成"资产阶级反动学术权威"遭到批斗。据熊有德说:"爷爷的一个学生是'造反派'小分队队长。奶奶陪爷爷去参加批斗会,会场上的标语是批判'华熊黑线'。当人们喊'揪出反动权威华罗庚'时,华罗庚先生站了起来。开始时爷爷坐着听人们斗华罗庚,后来他们高喊着'把熊庆来揪上来',爷爷就自己颤颤抖抖地上去,站不稳,有好心人给他搬了一把椅子,他没坐。华先生就过来扶着他,但他自己也站不稳,还是奶奶上去扶着爷爷。忽然,一个'造反派'上来摘掉了爷爷胸前的毛主席像章。爷爷看着周围似熟悉又不熟悉的脸,感到一阵隐痛,难道当年他不顾一切回到祖国就是为了这个?奶奶给我讲了这个经过,她也没有讲是谁这样恩将仇报,只不过告诉我:'所有人都喊打倒你爷爷,只有杨乐躲在后面一声不吭,还是杨乐有良心。'"

另外据熊有德说,当时她爷爷听完奶奶的话以后,只说了"学生有错,先生有责"八个字。

(十)尾声:痛莫痛于不敢啼

1969年2月3日,熊庆来在深夜中去世,享年七十六岁。当时还是"专政对象"的华罗庚听到这个消息以后,曾向革命委员会领导申请前去吊唁。等到批准以后,熊庆来的遗体已经被送到火葬场了。于是他匆匆赶到火葬场,在一大堆尸体中找到了熊庆来。后来华罗庚对熊有德说:"没想到你爷爷,那个当年赫赫有名的数学家,会死得那么惨。躺在一大堆尸体中间,没有花圈,也没有追悼会……"

　　直到"文革"结束以后,华罗庚才在《哭迪师》中用"恶莫恶于除根计,痛莫痛于不敢啼"的诗句,来表达当时的真实感受。

苏步青与浙江大学

著名数学家苏步青(1902—2003)的教学研究生涯,大致可以分为三个阶段:

第一阶段是 1931 年留学回国到 1951 年"三反"运动之前,他主动选择了浙江大学。在此期间虽然经历了十四年抗战和三年内战,但是在他与同事们的努力下,终于让浙江大学享有"东方剑桥"(李约瑟语)的美誉。

第二阶段是从 1951 年"三反"运动开始,到 1976 年"文化大革命"结束,他不是在政治运动中屡遭迫害,就是下基层去搞应用研究。1976 年一个美国数学家代表团访华时惊讶地发现,以苏步青为首的中国经典几何学派早已消失,原因是他们被迫从事应用研究。

第三阶段是 1976 年"文化大革命"结束到 2003 年去世,他虽然进入"平步青云"的时代,并登上民盟中央副主席和全国政协副主席的高位,但是他的学术生命却已经结束。

为什么一个数学家在战乱频仍的民国时代,用了不到二十年的时间就做出了举世瞩目的成就呢?这显然与他的浙大情怀有关。

(一) 求学之路

苏步青 1902 年出生于浙江平阳腾蛟村一个普通农民家

庭。父亲给他取名步青,有平步青云、光宗耀祖之意。根据他个人回忆,因为从小家境贫寒,苏步青干过上山割草、喂猪放牛等农活;又因为酷爱读书,他在九岁的时候被父亲送到数十里以外的平阳县第一小学当了插班生。

1914 年,他以优异成绩考入浙江省立第十中学(温州中学的前身)。在这里他遇上了两位好老师:校长洪岷初因为喜欢其勤奋好学,将他视如己出;数学老师陈叔平则对他的人生走向产生了决定性影响。正因为如此,在 1982 年温州中学八十周年校庆的时候,苏步青写下了"岷老怜我如幼子,叔师训我作畸人"的诗句。

1919 年,苏步青在洪校长的鼓励和资助下赴日本留学。经过短期的日语补习,他于 1920 年 2 月以优异成绩考入东京高等工业学校电机系。1923 年东京大地震时,他有幸躲过一劫。1924 年 3 月,他以两个满分和总分第一的成绩考入位于仙台的东北帝国大学数学系。随后,他闯入微分几何研究新领域,发表论文数十篇,并获得理学博士学位。

值得一提的是,就在两年以前,另一位名叫陈建功的中国留学生也在这所大学获得博士学位。在日本,要想成为理学博士是非常困难的,所以陈建功获此殊荣的时候,在日本曾经引起很大轰动。

在东北帝国大学读书期间,苏步青认识了老师松本教授的女儿松本米子。米子小姐性格温婉、才貌出众,她不仅精通插花、书法、茶道,而且爱好音乐,擅长古筝。当时苏步青以研究生的身份担任帝国大学数学系讲师,成为该校有史以来第一个可以代课的研究生,因此米子小姐对他十分仰慕。经过一年多恋爱,二人步入了婚姻殿堂。

(二) 进入浙大

1931 年,苏步青谢绝母校和中国其他著名大学的邀请,进入浙江大学数学系任教。为此他在《感怀寄友》一诗中有如下的咏叹:

> 渡口云烟海鸟飞,江边春色认依稀。
> 十年海上君休笑,赢得鬓发和布衣。[①]

苏步青选择浙江大学,与他的学长、已经在该校任教的陈建功有关。陈是浙江绍兴人,为了服务乡梓,他在日本时就与苏步青约定,准备花上二十年时间,把浙江大学数学系办成世界一流水平。进入浙大以后,苏步青与陈建功密切合作,不仅在中国创建了微分几何学派,而且创办了数学研讨班,用严格的教学方式培养了一批数学精英。

正当苏步青想要大展身手的时候,全面抗战开始了,他的计划被打乱。1937 年"七七事变"以后,身为数学系主任的苏步青想带学生离开杭州向浙江西部转移。但是校长竺可桢并不同意。为此,竺在 10 月 20 号的日记中写道:

> ……中午开特种教育委员会常务委员会,知数学系苏步青拟带三、四年级生明日出发赴建德。苏昨日曾来谈,

[①] 本文的苏步青诗词,均引自《苏步青业余诗词钞》,群言出版社,1994年。下同,不再一一列出。

余不允，嘱其留待一星期。今日忽有此消息，即电苏嘱其转致学生不得自由行动。上次校务会议苏出席时，尚主张炸弹临头亦须上课，今又忽然改变态度。据章用云，系陈建功胆量小，不能居杭，故欲早迁云云。①

这里所谓"今日忽有此消息"，是指日军向津浦线大举进攻一事。因为浙江战事尚不明朗，所以竺可桢致电苏步青及其学生不要自由行动。

另外，章用是章士钊的儿子，也在浙江大学数学系任教。据说当时有学生问他："警报响了还上课吗？"他反问道："怎么不上课？"学生又问："那黑板挂在哪里？"他回答说："挂在我胸前！"这句话和苏步青"炸弹临头亦须上课"的主张，表现了中国知识界在抗日战争中有一种同仇敌忾、视死如归的精神。

由于形势日趋恶化，敌机轰炸的警报接连不断，所以竺可桢也考虑学校应该向浙西方向转移。11 月 11 日战事吃紧，浙江大学师生分三批前往建德。12 月 24 日杭州失陷以后，浙大师生又经过金华、衢州向江西玉山进发。

在此前后，苏步青接到岳父病危的电报，他想让他们夫妇回日本见上一面。苏步青让妻子回国，但松本米子却表示要跟丈夫一同西迁。当时松本女士刚刚生过孩子，身体尚未复原，所以苏步青把她和孩子送回老家避难。

1938 年春，苏步青在返回学校之前，因为妻离子别写下这样一首诗——

---

① 竺可桢：《竺可桢全集》第 6 卷，上海科技教育出版社，2005 年，第 387 页。

燕子(并序)

一九三八年春,避寇挈眷南旋,寓水头浦底。夜闻燕子搏翼声,感而赋此。

> 燕子来何处,今宵宿我家。
>
> 声嘶知路远,翼破想风斜。
>
> 故里堂终废,新巢愿尚赊。
>
> 江南云水足,莫再向天涯。

序中所谓"水头浦底",是现在的平阳县水头镇浦底乡。这里距苏步青老家腾蛟村不到十公里。诗中"江南云水足,莫再向天涯"句,道出了苏步青与妻子难舍难分的情景。

1938 年 2 月 11 日,竺可桢在日记中写道:"步青来电,香曾来电,均知彼等暂不能来,大抵以交通不便也。"[①]步青乃苏步青无疑,香曾则是在 1945 年失踪的浙大教授费巩。

(三) 东方剑桥

过了不久,苏步青就赶到当时浙大的所在地江西泰和。6 月 7 日,苏步青向竺可桢汇报数学系的情况。也许是因为战争原因,该系问题很多,这让他十分为难。为此,竺可桢在日记中写道:

---

① 《竺可桢全集》第 6 卷,第 467 页。

……苏步青来,报告章俊之昨晚在数学会开会时尚未言去,今晨七点即拟赴香港。幸四号车载黄君理、姚卓文赴赣州,已有人满为患,未能上车,结果废然而返。渠对于上课均无交代,而高等微积分尤难使人代教云云。数学系诸人均极乏常识,不明世故。如冯乃谦近来之不告假而归里,陈建功之时闹酒,闯入女职员宿舍。卢庆骏因酒醉而与章俊之用武。曾炯之与陈建功因婚姻问题而争执,不一而足。①

日记中罗列的几个人都是浙江大学颇有成就的数学教师,其中章俊之就是章士钊的儿子章用,此人颇有乃父的名士风度,说走就走,也不管有没有人替他代课。为此竺可桢专门把他叫到图书馆了解情况。

就在这时,苏步青也深深地陷入对妻子的思念。这一点,可以从他的《自泰和寄内(二首)》中看出。

装奁锦瑟十三弦,欲听清音路几千。

一曲寒潮明月夜,满江红雨落花天。

离愁每在闲中发,往事常于梦里牵。

记否当年春旖旎,宵深犹奏想夫怜。②

---

① 《竺可桢全集》第 6 卷,第 531 页。
② 诗人自注:妻松本米子日籍,带古筝来归,想夫怜是筝曲名。

三年海上不能忘,六载湖滨乐未央。

国破深悲非昔日,夷来莫认是同乡。

遥怜儿女牵衣小,无奈家山归梦长。

且住江南鱼米地,另求栖息费思量。①

诚如苏步青所说,两年以后,校长竺可桢才特批一笔路费,让他把妻子和孩子接到身边。从此以后苏步青更是把全部精力投入教学和研究工作。抗战后期,剑桥大学教授李约瑟率英国科学考察团前来中国,在参观浙江大学数学系时,他为苏步青等人的成就所感动,因此连声称赞道:"你们这里是东方的剑桥!"

(四) 心系台湾

1945 年抗战胜利后,国民政府委派陈仪接管台湾。因为台湾急需大量人才,所以苏步青与兄长苏步皋都去了台湾。苏步皋于 1917 年东渡日本,考取东京工业大学应用化学科,1925年学成回国后曾担任杭州造纸厂工程师、上海制药厂技师、浙江省化工厂厂长等职务。抗战胜利后,他应聘赴台湾任职,对台湾的工业崛起和经济发展起了积极的推动作用。但不知什么原因,苏步青并没有留在台湾,而是在 1946 年上半年又返回大陆。这期间他写下大量诗词,其中包括《台湾之行杂咏(十五首)》。

---

① 诗人自注:两年后全家西迁遵义。

随着内战重启、生灵涂炭，他对兄长的思念日渐加剧。到了1948年，他在《寄台湾大哥》一诗中表达了自己的心情和处境：

鲲南万里旧时居，横海东行正劫余。

永忆联床岁云暮，岂期弹铗食无鱼。

飘零镜里经秋发，点检年来未读书。

净宇回天知有日，行看下泽共驱车。

此外，他还在《游中山公园有怀大哥作(二首)》中倾吐了内心的悲愤和忧愁：

两面荷花四面楼，九分残暑一分秋。

偶凭危阁孤山上，欲寄相思几字愁。

客子青春谁得再，高堂白发共生忧。

来鸿去燕年年是，问系天南何处舟。

曾将西子比西湖，千古风流护大苏。

放鹤亭边无鹤放，孤山足下一山孤。

书凭鸿雁秋犹浅，路隔关河望欲无。

待得西风鲈鱼美，直须相对醉千壶。

就在这一年，苏步青还参加了在南京召开的数学讨论会。为此他赋诗一首：

心似寒泉久不鸣，翻因作客乐行程。

稻残畦上黄金晚，烟合要边碧树平。

燕栋又看经年别,菊篱正放一秋荣。

归来窗下读书夜,灯火小楼初有情。

(五) 北上寻梦

1949 年新中国成立前夕,苏步青来到北平。面对一个新生的革命政权,他在《赴北平道上》表达了当时极为复杂的心情:

北上遂吾愿,客身情感多。

风沙欺白日,涕泪渡黄河。

天远倦飞鸟,地荒余带萝。

故都如梦里,处处听秋歌。

随后他又在《北海》诗中写道:

北海趁清晨,波光净可亲。

荷残初日露,柏护故宫春。

风雨龙蛇在,江山日夜新。

无为见烽火,学作武陵人。

"无为见烽火,学作武陵人",反映了他在北上以后的内心痛苦和无奈选择。

新中国成立以后,他好像承担过负责筹备中国科学院数学

所的工作。当时竺可桢已经担任中科院的副院长,他在 1950 年 12 月 9 日的日记中谈到这一情况:

> 与恽子强谈数学所,以华罗庚急于成立所,且自愿担任所长。步青现为筹备主任,但张宗燧、陈建功均不主张步青为所长。最初三强等对于华罗庚亦极不赞同,但近来颇渐了解,故院中近颇属意于华。华又在到处演讲,在《人民日报》写文,故子强意欲余示意于步青,请其自让。晚间与步青谈半小时,渠对于浙大方面担任教务事不甚痛快,又乏书籍期刊,故颇愿来,但以工资太薄为虑。……因此怕不能维持云。①

恽子强是恽代英的四弟,当时任中国科学院办公厅副主任。三强即钱三强,当时任中科院副院长,张宗燧是物理学家,著名学者张东荪的儿子。

从竺氏日记中可以发现,在那百废待举的时代,苏步青居然因为害怕不能维持生活就离开了条件最好的中国科学院,这不仅是个人的一大损失,也是中国科学的一大损失。

(六) 浙大"三反"

1951 年年底,所谓"反贪污、反浪费、反官僚主义"的政治运动在全国展开。在这场人人过关的运动中,一些知识分子被

---

① 《竺可桢全集》第 12 卷,第 235 页。

当作"大老虎"批斗,苏步青当然难逃厄运。

据宋云彬日记记载,1952 年 2 月 23 日,"苏步青、蔡邦华等交代问题,群众不满。上午拟打电话给谷超豪,约来余寓商谈。十时许谷超豪来,据谓除苏、蔡外,民盟同志谈家桢、邵均、路嘉冰、李寿恒等均有大小不等之问题"①。

当时宋云彬是杭州市民盟组织的负责人,蔡邦华是浙江大学农学院院长,曾代理过校长职务,谷超豪是苏步青的学生,1948 年毕业后留校当了苏的助教,谈家桢、邵均、路嘉冰、李恒寿都是浙大的教授。

3 月 25 日,宋云彬在日记又有如下纪录:"……约苏步青、蔡邦华谈,苏交代问题不老实,五次均未得通过。据谓已经认识错误,准备再作老实交代。蔡仍一味狡赖,谈无结果。……下午五时偕丁零同访王仲侨,谈苏、蔡交代之事。"②丁零事迹不详,王仲侨是浙江大学医学院教授。

3 月 28 日,宋在日记中写道:"晚张劲夫来,为言李寿恒又发生新问题,苏步青未作最后交代,蔡邦华仍一味狡赖。又言陶秉珍于昨日(前夜)用剃刀片割喉管自杀。"③当时张劲夫是中共浙江省委常委、省政府党组书记,并主持日常工作,浙江省在"三反""五反"运动中出现的过激问题,与他有直接关系。第二天,宋又在日记中写道:"上午赴民盟市分部,与王仲侨谈蔡邦华、苏步青事。"④

---

① 宋云彬:《冷眼红尘》,山西人民出版社,2002 年,第 271 页。
② 同上,第 275 页。
③④ 同上,第 276 页。

4月5日,浙江省人民政府副主席沙文汉与宋云彬"谈蔡邦华、苏步青事甚详,并谓'三反'学习告一段落后,民盟应即从事发展盟员云云"①。

从宋氏日记可以看出,浙江省党政领导在"三反"运动中对蔡邦华、苏步青非常重视。

以"反贪污、反浪费、反对官僚主义"为主的"三反"运动,很快又变成了知识分子思想改造运动。所以宋在5月10日的日记中写道:

> 下午沙文汉副主席邀浙大一部分教授茗谈,对"三反"及即将进行之思想改造交换意见,邀余参加。物理系教授束星北首先发言,反映"三反"运动中种种偏向,声泪俱下。彼对此次领导"三反"之孟加最为不满,曾面告孟加:"我很鄙视你,你不配领导'三反',更不配领导思想改造!"②

束星北是李政道的恩师,被称为"中国的雷达之父"。在这次茶会中,苏步青、陈建功、李寿恒等人都发了言。

(七) 离开浙大

单纯正直的知识分子已经被突如其来的"三反"运动整得死去活来,如今又遇上来势汹汹的思想改造运动,许多人因为

① 宋云彬:《冷眼红尘》,山西人民出版社,2002年,第277页。
② 同上,第282页。

难以承受史无前例的人格污辱和精神压力,只好自寻短见。所以,宋云彬在同一天的日记中还说:"浙大将开始思想改造,领导者鲁莽从事,引起恐慌,机械系教授柯元恒于昨晚留绝命书出走,浙大派人四处寻觅,未得结果。"①

6月6日晚,宋云彬再赴浙大,"讨论成立一互助小组,专帮助苏步青、王国松、谈家桢做好思想检讨。参加小组者除苏、王、谈外,尚有谷超豪、吴徵铠、吴济民"和宋云彬。② 6月13日,浙江大学举行思想改造第二阶段报告会,苏步青、谈家桢在会上先后做了检讨,这才勉强过关。

8月31日,竺可桢在日记中记下浙江大学思想改造运动的情况。他说:"郑石君……说杭州'三反'中颇有偏差,对于蔡邦华,因沙凤苞说其有贪污共同作弊,所以迄今尚关在文教厅。我昨接杭州杨其泳函,知其犯依法嫌疑被扣押交代贪污,关公安厅。"此外竺可桢还说,浙江大学"理学院数、理、化、生各系均将分散,如数学苏步青去复旦,陈建功到另一校,徐瑞云到师范学院,何增禄、谈家桢等亦将到复旦。这在浙大是一重大损失,回复到卅年前工业专门学校状况……"③

据宋云彬日记记载,就在这一天晚上,他出席了浙江大学民盟小组的联席会议。在会上通过了两个文件:一是《思想改造总结报告》,二是《拥护院系调整文告》。为了一致表示对院系调整的拥护,参加会议的全体人员都在第二个文件上签上了

---

① 宋云彬:《冷眼红尘》,山西人民出版社,2002年,第277页。
② 同上,第286—287页。
③ 《竺可桢全集》第12卷,第684页。

自己的名字。①

　　从此以后,浙江大学回到了三十年以前的状况,而苏步青也永远离开了他热爱的浙大。

---

① 宋云彬:《冷眼红尘》,山西人民出版社,2002 年,第 298 页。

理化篇

Science

物理学家饶毓泰的悲剧

网上曾经评出"美国顶级名校知名华人",饶毓泰(1891—1968)、曾子墨、张朝阳、李政道、钱学森、宋庆龄等人名列其中。与其他人相比,饶毓泰的"知名度"实在太低,因此有必要介绍一下。

饶毓泰字树人,1891 年生于江西临川。他早年在上海求学时,与胡适是中国公学的同学。因胡适兼任英语教师,他成了胡的学生。胡适在《四十自述》中说:"论学问,我那时怎配教英文?但……我教的两班后来居然出了几个有名的人物:饶毓泰(树人)、杨铨(杏佛)、严庄(敬斋),都做过我的英文学生。"

辛亥革命后,饶毓泰赴美国留学,获哲学博士学位。1922年回国后,他担任南开大学教授,并创办南开大学物理系;1933年又担任北京大学教授、理学院院长兼物理系主任。他的学生吴大猷说:"我国物理学研究的开始,不过是 1931 年前后的事。那时的北大物理系主任王守竞在量子力学研究上颇有成就,但他后来却投身于飞机制造业。1933 年饶毓泰接任后,不仅聚集了一批年轻有为的学者,还邀请国际著名科学家前来访问。这种群贤毕至、少长咸集的局面,使当时的研究工作非常活跃。"①

抗战期间,清华、北大、南开共同组成西南联大,物理系阵

---

① 吴大猷:《吴大猷文录》,浙江文艺出版社,1999 年,第 50 页。

容非常强大。其中不仅有清华的叶企孙、吴有训、周培源、赵忠尧、王竹溪、霍秉权，北大的饶毓泰、朱物华、吴大猷、郑华炽、马仕骏，南开的张文裕、许贞阳等人，还培养出杨振宁、黄昆、李政道、胡宁、林家翘、张守廉、黄授书、李荫远等一批著名物理学家。吴大猷回忆说："遇见这样的'群英会'，是使教师最快乐的事。"①

抗战胜利后，胡适担任北京大学校长，饶毓泰认为这是开辟"吾国教育……新纪元"的大事，也是"延揽人才""复兴北大"的好机会。为此，他把钱学森写的《工程科学系之目的及组织大纲(草案)》寄给胡适，并提出"可否由北大聘钱学森先生为工学院长"的建议。② 但是不知什么原因，钱学森没有及时回国服务。

1948年年底，胡适乘飞机离开北平时，饶毓泰本来也在国民政府要抢救学者的名单中，但他却留了下来。1949年以后，他继续担任北大校务委员会委员兼理学院院长和物理系主任。1952年年初"三反"运动开始后，饶毓泰最得意的一个学生在大会上指责他所谓"赶上世界学术水平"，是自私自利的思想在作怪。饶不能接受，著名学者、北大副校长汤用彤又批评他思想有问题。不久，饶毓泰在家中晕倒，随后又精神失常。当竺可桢看望他时，只见他"眼睛直视无睹，不能认人，但云'为什么缘故'。"③

---

① 《吴大猷文录》，第56页。
② 耿云志主编：《胡适遗稿及秘藏书信》第42卷，黄山书社，1994年，518页。
③ 《竺可桢全集》第12卷，上海科技教育出版社，2007年，573页。

1962 年，"中央研究院"在台湾举行院士会议，院长胡适在欢迎新院士的酒会上说："我是一个对物理学一窍不通的人，但我却有两个学生是物理学家：一个是北京大学物理系主任饶毓泰，一个是曾与李政道、杨振宁合作验证'对等律之不可靠性'的吴健雄女士。而吴大猷却是饶毓泰的学生，杨振宁、李政道又是吴大猷的学生。"①遗憾的是，话音刚落不久，胡适因心脏病突发而倒地身亡。

也许胡适并不知道，自从"三反"运动以后，饶毓泰就"靠边站"了。"文革"开始后，他又倍受凌辱，于 1968 年上吊自杀。中国物理学奠基人的最后二十年，居然会是这样！

据说，当年国民政府计划抢救的学者共六十人，但实际上除了胡适、梅贻琦、毛子水等人外，大多数人没有从命。有人做过统计，中央研究院八十一位院士有六十人留了下来，中国科学社二十七位理事除一人去了海外，全部留在大陆。

为什么在最关键的历史时刻，大多数学者都选择留下呢？这恐怕与他们心地善良、思想单纯有关。当时冯友兰就对他的弟弟冯景兰说："何必走呢，共产党当了权，也是要建设中国的，知识分子还是有用的。你是搞自然科学的，那就更没有问题了。"他还说："作为一个学者，对于自己所钟爱的学术事业，不能轻易放弃；对于政治，应当保持一定的距离；自己希望国家强盛，但对于哪一个党派掌权，则不想干预，也无力干预，谁能够把中国治理好，自己就拥护谁。"②这显然是

---

① 胡颂平编：《胡适之先生年谱长编初稿》第 10 册，台湾联经出版公司，1984 年，第 3898 页。

② 田文军：《冯友兰传》，人民出版社，2003 年，第 204—205 页。

大多数学者当时的真实心态。

后来,有人在美国国务院的外交档案中发现,胡适飞到南京后,曾老泪纵横地对司徒雷登说,抗战胜利后,他只知道研究自己感兴趣的学术,放松了思想战场上的努力。

看来,个人与社会、学术事业与思想政治是不能截然分开的,否则就会酿成不可挽回的损失。

吴大猷谈通才教育

自然科学与人文科学之间的鸿沟由来已久,它不仅制约了科学发展,也影响到社会进步。笔者原以为这是大陆教育的一大失误,最近读《吴大猷文录》[①],才知道这个问题在台湾等其他地区也出现过。所不同的是,由于吴大猷(1907—2000)等人及时发现,才没有酿成大错。吴大猷是杨振宁、李政道的老师,他在海外工作多年,在国际物理学界享有盛誉,他的话也许有较大说服力。

在这本书中,吴大猷主要从三个方面谈论这个问题。

第一,针对人们对科学的错误理解,他说科学的要义是追求真理,科学的内容不仅包括知识,还包括智慧,"是'知识和智慧'不可分的一体"。可见对一个人来说,假如所受的教育太狭窄太专门,那就只能掌握一些"片断个别的知识",而不会通过了解科学的全貌来增长智慧。这种人很可能是一个只见树木不见森林的书簏,或者是一台只会工作不会思考的"机器"。

第二,针对人们过分看重实用的倾向,他告诉人们,科学家投身科学的目的,不是为了"有用",而是为了寻求真理。人类历史上许多重大发明,都来源于纯粹的求知,而不是为了实用。20 世纪六七十年代的台湾社会,曾被一种急功近利的思潮所

———————

① 《大科学家文丛》之一,浙江文艺出版社,1999 年。

笼罩,许多人上大学不是为了求知,而是为了找一份好工作。面对这种倾向,吴大猷告诫大家:"教育的目的,不只限于知识的传授",学校的"主要任务是教育学生思考"。这一观点对纠正我们过于重视知识传授的偏向非常重要。

第三,随着科技的发展和经济的繁荣,人们的欲望也越来越高,这就使人类陷入一个欲壑难填的漩涡,其中最明显的是生态环境的破坏和犯罪率不断增高等问题。要解决这些问题,必须"有一个人文与科学合一的文明"来发展人类的智慧,控制人类的贪欲。他指出,要想让人文与科技"融合起来,成为更高层次的一个文化,着重的是需要改变人类的教育,使习科技的不成为'机器人',习人文的了解'科技'的性质"。也就是说,我们只有通过实施通才教育,兼备人文与科学的更高智慧,才能摆脱目前的困境。

说到通才教育,台湾相关报纸在1983年对吴大猷和余英时的采访值得注意。在这次访谈中,吴先生介绍了哈佛大学在1946年就成立了一个委员会。该委员会认为,科学的发展不是零零碎碎的技术进步,而是一种根本性的改革。要使人们对科学有基本的了解,最好的办法是借助于通才教育。吴大猷说:"通才教育可使学生未来发展时,能有一种宽广的基础,使得念科学的人,也能了解、欣赏人文知识。同样地,念人文的人,如果对科学有清楚的了解,将来如果进入政府机构,在从事政府决定时,就可避免发生偏差。"

笔者注意到,早在1945年哈佛大学的教授们就以"一个自由社会中的普通教育"为题目,提出一个报告。这份报告是在反思战争、反思人类历史教训的基础上形成的。他们发现,多年来过分强调社会分工和专业教育,有抵消人类合作、增加社会冲突的可能,人类社会的阶级斗争乃至法西斯战争都由此而产生。这不仅给人类社会带来巨大破坏,也对民主自由构成极大威胁。他们认为,自由社会必须由自由的人组成,每个人都是一个完整的、有机的、自动的个体,唯有充分尊重这个事实,人们才能获得自由。基于这一认识,他们提出自由人格的产生,有赖于普通教育的努力。为什么这样说呢?因为普通教育强调的是"普""通"二字。"普"就是普遍,"通"就是通达。不"普",自由的人格就不会大大增加;不"通",就无法获得真正自由。因此通才教育又称普通教育或自由教育。

在这次受访中,余英时也谈到在我国台湾和世界其他地区出现的一些情况,这些情况与如今大陆面临的困境极其相似。他说:"传统教育的毛病是偏重于通才、不重专业。现在的情形恰好相反。由于社会趋于专业化,个人必须有一技之长,职业才有保障。因此,哪些专长易于找到职业,大家便一拥而上。这种情形当然不限于我国台湾地区,美国、苏联等地,亦复如此。例如,目前世界各地都有许多男女,纷纷学医、法律与电脑。这纯粹是一种以职业为主导的教育取向。这种取向,有予以自觉改变的必要。"

如何才能改变这种不正常的取向呢?余先生的意见是:无论你学什么专业,都应该对专业以外的学科具备必要的常识。只有这样,你"才有资格做一个完整的现代人,并具备综合判断的能力"。他认为,这些问题涉及考试与教育制度,要彻底解决虽然不是容易的事,但至少也应该做些努力和尝试,"否则就会产生一种流弊,亦即造成一种所谓'对很多事情知道得很少,对很少事情知道得很多'的'专家'。这种专家只有很狭隘的专业或纯技术观点,却无法妥善处理专业以外的重要问题,甚至不能做出正确的判断"。这些话对于那些过分迷信专家的人们,无异于当头棒喝。

1984年,吴大猷还在台湾《民生报》发表文章指出:台湾初中生毕业后就必须做职业教育或考高中的选择,这就不可能让学生养成求知的兴趣和习惯;至于大学的专业设置,也有过于狭窄的毛病。另外,整个社会对教育也有误解,以为上大学就是为了找工作,或以为大学应该对学生进行专才训练,"这些皆是偏狭之见"。他说,大学的"学者和学生都有自由从事所选择的学术"研究的权利,凡是受过大学教育的人,都应该拥有基础知识和科学训练。他认为通才教育的目的,就是要使学生养成广泛的求知兴趣和不断学习的习惯。

不久,吴大猷还以"科学教育指导委员会"主任和"中央研究院"院长等身份,在台湾地区有关研讨会会议上强调:由于"大学联招"(类似大陆高考)存在的问题,使中学教育出现三大偏差:一是课程设置太偏,二是文理分科太早,三是学业负担太重。这就是使大多数中学生在学习中只能采用死记硬背的方法,不能理解知识的奥秘和科学的真谛,从而对科学丧失兴趣。为了纠正这些偏差,吴大猷成立了"人文社会学科教育指导委员会",一方面主持高中教材改革,一方面组织相关教师培训,以便进一步提倡通才教育。

值得一提的是,早在1947年胡适担任北京大学校长时,就准备成立一个原子能研究所,并提出吴大猷等九人是最佳人选。另外,吴的恩师饶毓泰是胡适的学生,胡适在临终前给人们讲过一个故事。他说："我是一个对物理学一窍不通的人,但我却有两个学生是物理学家:一个是北京大学物理系主任饶毓泰,一个是曾与李政道、杨振宁合作证验'对等律之不可靠性'的吴健雄女士。而吴大猷却是饶毓泰的学生,杨振宁、李政道又是吴大猷的学生。排行起来,饶毓泰、吴健雄是第二代,吴大猷是第三代,杨振宁、李政道是第四代了。中午聚餐时,吴健雄对吴大猷说:'我高一辈,你该叫我师叔呢!'这一件事,我认为生平最得意,也是最值得自豪的。"这个故事告诉人们:中国曾经有一个优良学统,它依靠通才教育培养出许多世界一流的人才。倘若不能恢复这个学统,不注重通才教育,我们就很难改变目前的落后状况。

胡适与吴健雄的师生情谊

著名的美籍华裔物理学家吴健雄(1912—1997)女士,被誉为中国的"居里夫人",然而她最崇敬的恩师,却是对物理学一窍不通的胡适。如今文理两科壁垒森严,甚至老死不相往来,这其实是我国学者曾长期鲜有问津诺贝尔奖的重要原因。

胡、吴的师生关系,是在上海中国公学时建立的。20 年代末,在上海的中国公学因学潮难以为继,无奈之下聘请胡适回母校担任校长。胡适上任后,马上进行整顿,使学校面貌焕然一新,学生也由三百余人猛增至一千三百人左右,而吴晗、罗尔纲、吴健雄等人,就是其中的佼佼者。

如果说学文科的吴晗、罗尔纲出自胡适门下还可以理解的话,那么作为数理学系的一名普通学生,吴健雄与名震遐迩的胡校长又能有多少瓜葛呢?原来,理科学生兼学文科,是胡适的一贯主张;抽出一定的时间为学生上课,也是他身体力行的一个原则。因此,吴健雄便有幸成为胡适班上的一名学生。吴聪颖好学,成绩超群。她虽然学的是理科,却舍得花大量时间去读文科书籍。有一次,胡适因为吴健雄成绩优异,破天荒地给了她 100 分。这件事成了胡适后半生津津乐道的一个话题。

大约两年之后,胡适离开中国公学,吴健雄也考入中央大学物理系深造,然而胡适的风范却给吴留下难以磨灭的影响。众所周知,杨振宁、李政道因提出并论证了"宇称不守恒定律"

而荣获 1957 年诺贝尔物理学奖,但这一定律的实验证明却是吴健雄设计完成的。当人们为实验物理学界出现了这样一位杰出的华裔女性而感到意外时,吴终于道出了个中奥秘:"要有勇气去怀疑已成立的学说,进而去求证。就是胡院长说的'大胆的假设,小心的求证'这句话。"

抗日战争时期,胡临危受命,担任驻美大使,而吴健雄也正在加利福尼亚大学攻读博士学位,这使他们通信和见面的机会稍为多了一些。每逢胡适从华盛顿来到美国西部,他总要看看这位得意的女弟子;吴健雄也借暑假东游之机,去探望自己的老师。从《胡适来往书信选》所收的几封信中人们不难看到,身为师长,胡对吴的生活学习非常关心;作为学生,吴对胡也极为崇敬。然而,这种纯洁的师生情谊也很容易引起误会。为此,吴十分苦恼。有一次,她写信给胡适,在述及她听到当年北大一位女教师爱慕胡适的闲话后,深为感慨地说:"为什么又有许多人最爱飞短流长? 念到您现在所肩负的责任的重大,我便连孺慕之思都不敢道及,希望您能原谅我,只要您知道我是真心敬慕您,我便够快活的了。"

1942 夏,吴健雄正准备与袁家骝结婚,恰逢当地报纸说胡适要来这里访问。吴健雄原以为恩师能顺便参加他们的婚礼,却没想到这是误传。袁世凯的孙子袁家骝也是一位优秀的青年物理学家。简朴的婚礼之后,为了使丈夫进入 RCA(美国无线电公司)继续从事尖端技术研究,吴"硬着心肠离开这风和日暖"的加利福尼亚。她在信中对胡适说:"我觉得 RCA 规模大,设备好,中国将来正需要这样大规模的工业组织,他应该前去得些经验。"1946 年,一位美国教授在退休前希望将自己的藏书捐赠给中国的一所大学,在吴健雄的努力下,才将这批图书送给了胡适领导的北京大学。吴女士的爱国之情,由此可见一斑。

1962年2月,胡适大病初愈,吴健雄偕同丈夫由美国赴我国台湾地区参加"中央研究院"院士会议。他们一下飞机,便去看望胡适。吴健雄见著名物理学家吴大猷也在座,便风趣地说:"你是饶毓泰先生的学生,饶毓泰和我都是胡先生的学生,从辈分上来说,你应该喊我'师叔'的。"两天后,胡适在欢迎新院士的酒会上也饶有兴致地提起这件事。他说:"我常向人说,我是一个对物理学一窍不通的人,但我却有两个学生是物理学家,一个是北京大学物理系主任饶毓泰,一个是曾与李政道、杨振宁合作验证'对等律之不可靠性'的吴健雄女士。而吴大猷却是饶毓泰的学生,杨振宁、李政道又是吴大猷的学生。排起行来,饶毓泰、吴健雄是第二代,吴大猷是第三代,杨振宁、李政道是第四代了。中午聚餐时,吴健雄还对吴大猷说:'我高一辈,你该叫我师叔呢!'这一件事,我认为平生最得意,也是最值得自豪的。"不难看出,这话虽有玩笑成分,却也掩饰不住胡适发自内心的喜悦,因为他毕竟是这些驰名世界的物理学家的老师。遗憾的是,在这次酒会上,胡适也许是因为太兴奋了,便不顾医嘱,多讲了几句话,致使心脏病突然发作而倒地身亡。吴健雄万万没有想到,她与恩师的这次见面,竟会成为永诀。

严济慈和他的老师

　　每年夏天，都有许多人为子女的升学而焦虑。焦虑的原因，是害怕孩子上不了一个好学校。好的标准，主要是指升学率；至于老师如何，则往往退居其次，或根本不容考虑。其实，老师的人品或者说人格，对一个人的成长至关重要。比如已故的著名物理学家严济慈(1901—1996)先生，就遇上了几位很好的老师，如果没有这几位老师，他可能不会有后来的成就。

　　较早的一位好老师是后来在学界、翻译界颇负盛名的傅东华先生。傅先生早年在浙江东阳中学任教时，严济慈以全县第一名的成绩考入该校。当时傅先生任英文教师，他教学生，不像现在的老师那样，总是让学生背那几本教科书，而是鼓励他们阅读原版的英文小说和英文报刊。在他的影响下，严济慈不仅订阅英国人在上海办的《密勒氏评论报》，还经常向商务印书馆的《英文月刊》投稿，这对于提高他的英语水平非常重要。可见傅先生追求的不是"应试"，而是"应用"。

　　中学毕业后，严济慈考入南京高等师范，遇上著名数学家何鲁先生。当时何先生刚从法国留学归来，他好像不太会讲课，所以学生们以罢课表示不满，只有严济慈一个人坚持上课。后来何先生到上海任教，每逢暑假，他总要邀请严济慈前来读书。在何先生的书斋里，严济慈自学了法文，并把何先生带回来的教科书通读一遍，使自己的学问大有长进。何先生看他学有所成,便介绍他认识了商务印书馆的王云五先生。王先生对严济慈有所了解后,就约他写了《初中算术》和《几何证题法》,这两本书影响了好几代人,在数学教育史上有不可低估的作用。

严济慈大学毕业后,他的老师何鲁、熊庆来、胡刚复都鼓励他去法国留学。他得不到官费,三位先生便慷慨解囊,为他筹措川资。到了法国后,严济慈的生活非常窘迫,有时候几乎到了没饭吃的地步。从他写给未婚妻的《巴黎书简》中,可以看出三位恩师一直给他寄钱。据严济慈统计,在最初一年里,三位先生一共资助他七百八十元,占全部费用的四分之三左右。需要指出的是,当时何夫人旧病复发,且极其严重,尽管如此,何先生也没有中断对严济慈的接济和帮助。

与中国老师相比,法国教授对严济慈的帮助则别具匠心,更有一番情趣。严济慈读博士时,他的导师是著名科学家夏尔·法布里教授。1927年严济慈完成博士论文后,法布里正好当选为法国科学院院士。在院士就职典礼上,法布里先生出人意料地宣读了严济慈的论文,这对严济慈是极大的鼓励、无上的荣誉,也使他成了一个家喻户晓的人物。至于另一位恩师——居里夫人,对他的帮助也是一言难尽。

这些故事之所以让笔者感动,是因为,如今已经很难找到这样的老师了。笔者听说有些老师不仅不会(也没有能力)帮助经济困难的学生,还想从学生身上捞点外快,最常见的做法,是利用节假日为学生补课。作为弱势群体,学生根本不敢不补。于是一个月下来,老师从学生身上挣的钱,是一个很大的数字。

还有些大学老师自己不写论文,却要在学生的论文上署名,有时甚至出现先生剽窃学生作品的现象……

正因为如此,这些故事便有点"白头宫女说玄宗"的况味。当然,更重要的是,笔者希望这些故事能为我们提供一点思考和启示。

任鸿隽的科学救国梦

任鸿隽(1886—1961)是我国最早的科学杂志——《科学》月刊的发起人,也是我国最早的综合性学术团体——"中国科学社"的领导人。作为中国现代科学事业的倡导者和组织者,他领导的科学救国运动与胡适发动的白话文运动,被誉为五四运动以来两个重大的文化革新运动。纵观其一生,他始终为科学救国奔走呼号,热情地介绍科学起源、科学精神和科学方法。如今大半个世纪过去了,了解一下他那鲜为人知的思想和经历,会给我们很多启示……

(一) 攻读化学,是为了制造炸弹

任鸿隽字叔永,原籍浙江归安(今吴兴),出生于四川垫江。当年他的祖父由浙入川,是为了躲避太平军战乱。少年时代的任鸿隽勤奋好学,颇受先生赏识,成绩总是排名第一。1904 年最后一次科举考试,因当地人排外,他只好冒充巴县籍应试,获得第三,成为一名末代秀才。随后,他进入重庆府中学堂师范班就读,第二年毕业后当了一年教员,便带着一百二十元积蓄,与两位同学顺江而下,去上海求学。

在上海,他进入成立不久的中国公学。这是由被迫回国的留日学生创办的一所学校,其中大多数是革命党人。任鸿隽入校后立刻剪发易服以示革命,并与该校学生胡适、朱经农等人建立友谊。后来他东渡日本求学,并加入同盟会担任四川分会会长。在日本,他除了旁听章太炎先生的国学讲座外,还考入东京高等工业学校专攻应用化学。之所以选择这个专业,完全是为了革命。因为他看到革命者们为了推翻清朝政府,往往采取暗杀方式,暗杀需要炸弹,许多人便自己制造起来。但由于他们不懂化学原理,不仅事倍功半,还经常出事。在目睹了好友喻培伦、黄复生因制造炸弹而受伤的惨状后,他才做出这一选择。

多年后他回忆往事时,曾对这种功利主义的专业选择做过深刻反省。他说:"吾此时之思想行事,一切为革命二字所支配,其入校而有所学习,不能谓其于学术者所企图,即谓其意在兴工业,图近利,仍无当也。"[①]

为什么这样说呢?显然这与他后来的经历有关。

(二) 远渡重洋,探索中国落后原因

辛亥革命后,任鸿隽当即放弃学业回国。临时政府成立时,他与孙中山同乘一辆花车抵达南京,担任总统府秘书处秘书,为孙中山起草文稿并协助处理政务。袁世凯上台后,他去北京政府当过秘书,但由于厌恶官场,学业未竟,遂拒绝蔡元培、胡汉民等政要的挽留,以"稽勋生"(对革命有功的学生)身份赴美国留学。

---

① 任鸿隽:《科学救国之梦——任鸿隽文存》,上海科技教育出版社、上海科学技术出版社,2002 年,第 679 页。

从此,他的生命"开始了一个新的阶段"①。

初到美国,他进入康奈尔大学文理学院。在那里,他目睹美国人民的富裕生活,并感受到东西方社会的许多不同:"例如家庭组织,东主合居,西主分处;男女恋爱,东主防闲,西主放任;个人发展,东主裁制,西主自由。"然而他并不满足于这种感受。经过学习、观察、研究,他才对"西方学术之本源略有所见",并认识到东西方的最大差别,是"西方有科学,东方无科学而已"。为了探索中国无科学的原因,任鸿隽并没有像如今的留学生那样,把学技术、拿学位看得太重。他说:"吾等当日向往西洋,千回百折,有不到黄河心不甘之概,固不在博士硕士头衔资格间也。"②

1914年年初,任鸿隽担任《留美学生季报》主编后,在《建立学界论》中进一步表达了这个观点。他说,自清末以来,虽有"无数博士硕士翰林进士",却不过是饰己炫人、挟术问世、"为利而学"而已,致使中国根本没有一个"为学而学"的学界,这是国家长期衰弱、国人"非愚则诙"的主要原因。他认为,一个国家的盛衰强弱,于学界之有无成正比。随后他又在《建立学界再论》中指出:要建立学界,增进知识,懂得科学,还必须从归纳法入手。

为此,任鸿隽曾在许多场合对归纳法做过介绍。他说,这是三百年前由培根创立的一种方法,它可以分为下列步骤:(1)由事实的观察确定一个假说,(2)假说演绎出一个结果,(3)用实验来考察这一结果,(4)把合乎事实的实验定为科学

---

① 《科学救国之梦——任鸿隽文存》,第715页。
② 同上,第682页。

定律。简言之，就"是用事实作根据，推出一个通则，再用观察和试验证明那通则的不错，这就是科学方法的大概"[①]。尽管胡适认为"科学的方法并不会靠归纳"[②]，但是任氏所言与他所谓"大胆的假设，小心的求证"并不矛盾。相比之下，《独秀文存》对科学的理解就比较浮浅。

（三）创办杂志，介绍科学真谛

1914 年暑假，就在第一次世界大战爆发前夕，任鸿隽和杨杏佛、胡明复、赵元任等人一起聊天，在谈到海外游子如何为国效力时，有人提出中国最缺乏科学，我们应该办一种科学杂志。这一提议获得大家同意，经过半年筹备，《科学》杂志于 1915 年 1 月问世。这是中国人办的第一个综合性科学杂志，它的创刊具有划时代意义。另外，为了排版方便，该刊采用横排方式并使用西式标点，这在我国出版史上也是一个创举。

从此以后，任鸿隽对《科学》倾注了大量心血，他不仅主持编务，还写了许多文章。为了让读者了解科学的意义，对科学产生兴趣，他的文章深入浅出，通俗易懂。后来他将这些文章搜集修改后，取名为《科学概论》，于 1926 年由商务印书馆出版（曾再版）。他在该书序言中说：科学是根据自然现象、依照逻辑方法发现其关系法则的有系统的智识。用这个定义来衡量，那些片段的发明（比如我国火药和指南针）、偶然的发现（比如人类的用火）和空虚的思想（比如玄学、哲学、经学），都不能算作科学。

---

① 《科学救国之梦——任鸿隽文存》，第 276 页。

② 《独立评论》第 86 号，《编辑后记》。

他指出，要了解科学，首先要明白科学的两个起源：一是实际的需要，二是人类的好奇。由于前者是外在的压力，后者是内在的冲动，所以就科学发现和科学创新而言，好奇心比实际需要更重要。基于这一认识，他告诉人们，西方科学家研究科学，不是为名利所驱使，而是为好奇心所引诱。为了这种天生的好奇以及由此而来的精神需求，许多人（比如阿基米德、伽利略、哥白尼等）甚至不顾自己的生命。因此他反复强调，人类物质文明的进步并不是科学家最初的动机，而是科学研究的必然结果。如果只想从物质文明方面来追赶西方，只想把科学当作一种富国强兵、改善生活的手段，却又不晓得科学的真谛，那就是一种得鱼忘筌、舍本逐末的做法，不仅不会成功，差距还可能越来越大。

既然如此，为什么国人总是以一种急功近利的心态来看待科学呢？他分析说，"吾人学以明道，而西方学以求真"①，由于"道"与功利是对立的，所以国人面对西方物质文明的巨大成就时，总以为人家把功利放在第一位。殊不知科学也是"明道之学"，是一种只求真理不问利害的学问，所以切不可像洋务派那样，用一种急功近利的心态来对待科学。

在此基础上，任鸿隽还总结出人类"智识不进"的四个特征：一是尊崇古代，二是依赖陈言，三是固执成见，四是观念混淆。这也是我国没有科学的主要原因。他认为欧洲文艺复兴是这种状况的"一个大反动；……他们的主张，是把事实放在思想构造的第一位，那些主义和理论，只放在第二位，或竟不管

---

① 《科学救国之梦——任鸿隽文存》，第85页。

他"。① 他说,这是人类社会由迷信时代进入科学时代的主要标志。

(四)成立学会,共图中国科学发达

在《科学概论》中,任鸿隽还对科学与常识做了辨析。他借用赫胥黎的话告诉人们,科学并没有什么神秘,"科学是有组织的常识,科学家也不过是有常识训练的普通人"。因此他认为:"科学精神就是常识训练,……这种精神不但是一切科学所应有,即是平常处事,……也应该如是。"②也就是说,不仅是科学研究,即便是个人思想行为、社会团体组织,也应该受科学精神支配。

关于科学精神,任鸿隽总结了五个特征:一是崇实,二是贵确,三是察微,四是慎断,五是存疑。他还说,如果再加上不怕困难、不为利诱等品德,就更完备了。相比之下,中国学界却有四大弊病:一是材料偏而不全,二是研究虚而不实,三是方法疏而不精,四是结论"乱而不秩"。面对如此巨大的反差,他告诉大家:西方在中世纪时比中国更黑暗。只是在文艺复兴以后,科学家才把发现真理当作自己的天职,"他们与宗教战,与天然界的困难战,牺牲社会上的荣乐,牺牲性命,去钻研讲求,才有现在的结果。我们若不从根本上着眼,只是枝枝节节而为之,恐怕还是脱不了从前那种'西学'的见解罢"。③

① 《科学救国之梦——任鸿隽文存》,第 338 页。
② 同上,第 352—353 页。
③ 同上,第 243 页。

竺可桢曾经说过,古代中国之所以没有产生科学,主要有三个原因:一是阴阳五行迷信深入人心,二是数字与度量不被重视,三是士大夫不肯动手,缺乏实验。所以要向中国"移植科学之花",既要有不盲从、不附和、不武断、不蛮横、不苟且、不无病呻吟的科学态度,更要有"只问是非,不计利害"的科学精神。[①] 看来,任鸿隽对科学和科学精神的看法,也是那一代科学家的共识。

《科学》筹备期间,任鸿隽等人曾拟定《科学社招股章程》,决定每股五元(一说十元),共发行股票四十份,作为办刊资本。《科学》问世后,大家感到要谋中国科学的发达,单单发行一种杂志是不够的,因此有改组学会的建议。于是他们重新起草章程,选举任鸿隽为社长,并规定每年 10 月 25 日为中国科学社成立纪念日。

按照章程规定,中国科学社要办的事情很多:发行杂志,著译科学书籍,编订科学名词,设立图书馆、研究所、博物馆,举行学术讲演,组织科学旅行团,接受公私机关委托研究解决科学上的一切问题。据任鸿隽说,尽管他们对著名的私人学术团体——英国皇家学会并不了解,但是中国科学社从一开始就与它非常相似。英国皇家学会以拥有牛顿、达尔文等科学大师为荣,在科学发展史上起过非常重要的作用。不难看出,当年这批留学生从一开始就走上了一条正确的道路。

三年后,因主要成员先后回国,中国科学社也迁回国内。

---

① 竺可桢:《竺可桢文录》,浙江文艺出版社,1999 年,第 33—41 页。

（五）涉足实业，无功而返

1916 年秋，任鸿隽从康奈尔大学毕业，先后进入哈佛大学、麻省理工学院和哥伦比亚大学继续深造。在此期间，他参与胡适挑起的白话诗之争，这一争论成为白话文运动的先声。不久，他因为主编《留美学生季刊》结识了一代才女陈衡哲。陈女士本来是独身主义者，后来被任鸿隽"三万里求婚的诚意"所感动，二人才结为夫妇①。他曾经对陈衡哲说："你是不容易与一般的社会妥协的。我希望能做一个屏风，站在你与社会的中间，为中国来供奉和培养一位天才女子。"②这话让人特别感动。他对妻子好，对朋友更好。据杨步伟说，1933 年她和赵元任从美国回来，准备去南京中央研究院赴任，梅贻琦、胡适、任鸿隽都争着邀请他们。任鸿隽说："我太太很少留人住的，对你们两位特别，非住我们家不可。"③另外，胡适与任氏夫妇号称"我们三个朋友"，也是学界佳话。

任鸿隽是 1918 年 10 月学成回国的。在此之前，胡适邀他到北京大学任教，他却有感于许多留学生回国后"以饭碗问题为第一要务"，还是决定先做些调查准备工作，然后再投身于教育或实业，"办出一件新事业"来。④

1919 年，他回到阔别十二年的家乡，正值当年的革命同

---

① 胡颂平编：《胡适之先生年谱长编初稿》第 4 册，台湾联经出版公司，1984 年，第 1252 页。

② 《科学救国之梦——任鸿隽文存》，第 748 页。

③ 杨步伟：《杂记赵家》，中国文联出版社，1999 年，第 276 页。

④ 《胡适来往书信选（上）》，中华书局香港分局，1983 年，第 16 页。

志、时任四川督军的熊克武要办炼钢厂,便委托他筹办此事。尽管他认为倡导科学比创办工业更重要,并告诫国人不要因为崇拜实业就把科学忘在脑后,但考虑到此事办成,可以让"已造就的人才有相当的位置"[1],他还是答应了这一要求。不久,任鸿隽再度赴美,经考察他决定采用电炉炼钢法,并订购发电机、电炉等设备。遗憾的是,第二年他回国后,熊克武已经离任,使这一计划被迫停顿。所幸他买回来的设备到"九一八"事变后终于派上用场,与他一同前往美国的周仁后来在冶金方面颇有建树,也得益于这次考察。

就在这次考察结束前后,他在《科学与实业之关系》一文中说,在我国,妨碍实业发展的心理原因有三:一是求利太奢,以为"办实业就如开金矿一样,一锄头就要挖一个金娃娃";二是求效太速,今天拿出资本,明天就想见效;三是不能持久,一有失败,便心灰意懒,不复前进。他还说,所谓追求利益,不是把别人口袋中的钱抢过来使自己发财,而是要把无用的东西变为有用。[2]

(六) 大学内外,致力于科学教育

1920 年考察结束后,任鸿隽夫妇受蔡元培之聘,到北京大学担任教授。从这时起到全面抗战前夕,他还担任过教育部专门教育司司长、东南大学副校长、四川大学校长等职。尽管上述任期都比较短暂,但是他却为科学教育付出很大努力。

---

[1] 《胡适来往书信选(上)》,中华书局香港分局,1983 年,第 16 页。
[2] 《科学救国之梦——任鸿隽文存》,第 222—223 页。

　　早在 20 年代担任教育部司长的时候,任鸿隽就注意到科学教材的最大缺点,是只讲述已经发明的事实,却没有指出尚待研究的问题,这就很难使学生对科学产生兴趣。他认为人生最大的痛苦,莫过于强迫他学习不感兴趣的专业,从事不感兴趣的工作。他非常赞成长期在中国工作的科学家葛利普先生的观点:一个人选择某个专业不是为了谋生,而是因为他喜欢这种工作。也就是说,一个人要想获得成功,必须热爱他所从事的专业。他还指出,中国的"学术死亡率"高达 99％以上,是因为许多人在大学毕业后放弃了研究工作,这是一种很大的浪费。

　　任鸿隽认为,一个人获得硕士博士学位,并不算真有学问,只有经过十年二十年艰苦努力,才能跻身于学者行列。他强调:人不能单靠面包而生活,大学教师的职责不是贩卖知识,而是要培养学生的研究兴趣,让他们明白科学研究的目的不在于物质享受,而在于精神满足。这是一种高尚的刺激和智识的愉快,大学生只有懂得这个道理,养成研究习惯,才能对人类有所贡献。① 为此,大学教师必须在独立研究中,才会对科学原理和科学精神具有深切的了解和体会,才能在思想和人格上对学生产生好的影响。他还说,真正的科学是独立的,不依附于任何主义的,把科学和物质文明等同起来,或者"骂科学是帝国主义的",都是不明白科学的真谛。

　　1932 年胡适创办《独立评论》,任鸿隽夫妇参与其事,并写了不少文章。其中任鸿隽那两篇批评国民党"党化教育"的文章值得注意。文章发表后,虽然有人说"你真大胆,这样的问题

---

① 《科学救国之梦——任鸿隽文存》,第 388 页。

岂是可以随便讨论的?"但是大多数人还是认为它体现了一个"科学家爱真理的精神"。①

由于篇幅关系,这里只能摘录其中一段,看看其中的道理。文章说:"一个理想中有教育的人,在智慧方面,至少的限度,必须对事理有正确圆满的了解,对于行事有独立自信的精神。要养成这样的人格,第一的需要,是智识上的好奇心。有了智识上的好奇心,方能对于各种的问题或事务,加以独立的研究。研究所得的结果,才是我们信仰的根据。这种教育的方法,在党的立场看来,是最危险的。他们的信仰,是早经确定了的;他们的问题,是怎么的拥护这个信仰。因为要拥护信仰,所以不能有自由的讨论与研究;因为不能有自由的讨论与研究,所以不能有智识上的好奇心。这个情形,恰恰与十七世纪初年,欧洲宗教的专制思想相类。"因此他认为:"有了'党化',必定是没了'教育';反过来说,要有'教育',必定要除去'党化'。"②

任鸿隽是1935年9月担任四川大学校长的。为了把川大办成一所现代化国立大学,他从外地请来不少著名学者,并实行一系列改革措施。然而由于地方上落后势力太大,他又不屑于官场应酬,再加上陈衡哲因为发表批评四川的文章遭到地方势力围攻,因此他上任不到两年,就挂冠而去。

(七) 主持中基会,资助自然科学研究

1925年中基会成立后,任鸿隽担任该会专门秘书、执行秘

---

① 《独立评论》第8号,第10页。
② 同上,第3号,第13—14页。

书、副干事长、干事长等职，是中基会日常工作的主要负责人。中基会是为了管理美国退还的第二笔庚款而成立的机构，它的全称是"中华教育文化基金董事会"。任鸿隽说，这个名称有两层含义：第一，它不冠以"中美"而冠以"中华"，表示了"美国人对于我方的尊重"；第二，该会每年有上百万元款项可供使用，但由于"教育文化"过于宽泛，所以中基会把这一概念的含义限定在科学事业，主要是自然科学方面①。

　　任鸿隽认为，在科学事业中，科学研究比科学应用更重要。为了贯彻"为而不有"的原则，以有限的财力谋求最大最好的效果，中基会一开始把这笔难得的经费用在资助科学人才和添置科学设备方面。据他介绍，从民国十七年(1928)到二十三年(1934)，享受中基会科研补助金的学者高达二百八十三人。这些人分布在天文、气象、地质、地理、物理、化学、数学、生物、考古等各个领域，其中包括著名学者翁文灏、李济、秉志、庄长恭、陈焕镛、丁文江、严济慈、刘树杞、侯德榜等人，他们都是我国科学事业的开拓者和奠基人。中基会既资助国内学者，也资助在国外从事研究的人。任鸿隽认为，这样可以得到世界上所有大科学家和著名研究室的帮助，其"收效之速，成材之众，恐怕不是自来所有留学办法所能比拟的"。② 另外从民国十五年(1926)到二十三年(1934)，中基会向近百所学校和一百多个学术文化教育单位支付设备补助费五百七十四万余元，美金四万四千五百元。这大概还不包括当年为挽救"山穷水尽"的北京

---

① 《科学救国之梦——任鸿隽文存》，第519—520 页。
② 同上，第522 页。

大学而支付的一百万元。①

除此之外,中基会向北平图书馆(国家图书馆的前身)、生物调查所和社会调查拨出专款,成立了编译委员会翻译科学和历史文化书籍,并向许多中学减价提供仪器和标本。有人认为,从1925年进入中基会到1935年暂时离任,这段时间"是任氏一生中最有光彩的时期"。在这十年中,"任鸿隽及其合作者们,为30年代中国科学事业的繁荣,为施泽于其后几十年科学人才的培养,做出了不可磨灭的贡献"。②

(八) 战争年代,反思科学得失

1937年6月全面抗战前夕,任鸿隽离开四川大学回到北平,随即出国进行考察。考察回国后,他应蔡元培邀请出任中央研究院化学所所长,并担任该院总干事。太平洋战争爆发后,他又重新担任中基会干事长。

在战争年代,尽管条件非常艰苦,但中研院、中基会和中国科学社的工作仍然照常进行。浏览当年的《竺可桢日记》,有关学术活动的记录比比皆是,难怪费正清看到中国知识界战时生活状况后曾颇为感慨地说:"我为我的朋友们继续从事学术研究工作所表现出来的坚忍不拔的精神而深受感动。依我设想,如果美国人处在此种境遇,也许早就抛弃书本,另谋门道,改善

---

① 胡适:《丁文江的传记》,台湾远流出版公司,1986年,第125—127页。
② 《科学救国之梦——任鸿隽文存》,第761页。

生活去了。"①

在此期间,任鸿隽经常强调科学人才的培养和基础科学的重要。关于前者,他有一个很好的比喻:中华民族好像一条大船,抗日战争好像一场暴风雨,科技人才好比船上的机务人员。没有机务人员,船到紧要关头就会束手无策。② 至于后者,也是他忧心忡忡的一个问题。抗日战争中后期,他看到许多学生把经济学、商学和应用科学当作热门专业,而纯粹的基础科学却几乎无人问津,便感到我国科学面临着重大危机。他告诫大家:如果在物质生活之外不能发现高层次的精神活动,人生还有什么意义? 他还指出,纯理论研究最需要保持心灵的自由,它不应该受到干涉,而应该享受特别保护。

抗战结束前,任鸿隽对甲午战争以来的科学事业做了回顾和总结。他说,中国科学从一无所有到应有尽有,表面看用了五十年,实际上"多者不过三十年(如地质学),少者不过十年(如天文学)",如果再去掉抗战十四年,那简直就是一个奇迹。③

(九) 难圆的梦

抗战结束后,任鸿隽和全国人民一样,梦想和平的到来,好为中国科学提供良好的发展环境,他甚至在 1946 年所写的《关于发展科学计划的我见》中,提出把发展科学作为"今后十年二

① 费正清:《费正清对华回忆录》,上海知识出版社,1991 年,第 269 页。
② 《科学救国之梦——任鸿隽文存》,第 552 页。
③ 同上,第 587 页。

十年国家的首要政策",作为"吾国之生命线"①,没想到内战的爆发无情地粉碎了这一美梦。有人曾讥笑他喜欢"痴人说梦",他说"梦固是梦,但我相信它表示的是一种超然的见解与健全的希望".② 面对连绵不断的国内外战争,他清醒地告诉人们:只有经过科学的洗礼,有了求真的精神,才能防止独裁,制止战争。

内战的发展使年过花甲的任鸿隽做好了出国准备。1949年5月1日,刚到上海的竺可桢在日记中写道:"至高安路十四号晤叔永夫妇,知叔永在设法乘轮赴港转往美国,因其子女三人多、苏、安均在美国也。据衡哲云,陶孟和颇赞成共产,近来大发议论,于首都陷落前三日赴京云。……"③这里的"多、苏、安",是指任氏女儿以都、以书和儿子以安。陶孟和因为经费问题与任鸿隽有过矛盾,看陈衡哲的口吻,显然对陶的选择不以为然。5月4日,竺氏日记中又有"下午任叔永来谈片刻,知中央银行所存美金非有去外国之护照不能取出"④的记录。

此后,任鸿隽离开上海到了香港,但不知为什么,他后来又返回内地。从《竺可桢日记》看,大约在9月11日,竺已得知任鸿隽回来,并将这一消息告诉严济慈。第二天,竺听说生物学家胡先骕(字步曾)专程去天津看望任鸿隽,便在日记中写道:"……余认步曾此行为不智,使叔永一到京便被人疑为别有作

---

① 《科学救国之梦——任鸿隽文存》,第 605 页。
② 同上,第 535 页。
③ 《竺可桢日记》第 2 册,人民出版社,1984 年,第 1246 页。
④ 同上,第 1247 页。

用也。……"①这说明,任鸿隽去而复返已经引起怀疑,并受到严格监视。

随后,任鸿隽到达北平,住在永利公司,并拜访了吴玉章、韦悫等人。韦早年是同盟会会员,曾留学欧美,抗战时曾到新四军控制区工作,任鸿隽找他是为了谈中国科学社的前途。看来任鸿隽不顾个人安危再度回来,可能是放不下这件事情。据竺可桢说,从韦处出来,他们二人曾到中山公园今雨来轩饮茶,当时"在此饮茶者惟余二人,可见北京已不见所谓有闲阶级"。晚饭后竺去隆福寺访书,痛心地看到线装书已无人过问,旧书都论斤卖了。此情此景在宋云彬的日记中也有记载。与此同时,著名物理学家饶毓泰也表示:"大学教授所费于开会之时间太多,……以为从此中国科学将永无发展之余地。"②后来,竺可桢、陶孟和、李四光等人被安排为中国科学院副院长,但无论是能力还是成就都并不亚于他们的任鸿隽,却长期没有一个实质性职务。看来,任鸿隽想要继续他的科学救国梦,恐怕是难了。

1951年,创办35年之久的《科学》月刊被迫停刊,后来虽然以《科学》季刊的形式出现,却没有维持几年。

1953年,由中国科学社主办的《科学画报》(创刊于1935年,是当年影响最大的科普读物)移交给上海市科普协会。

1954年,中国科学社生物研究所的所有标本和仪器被中国科学院几个研究所接管。

1956年春,中国科学社将明复图书馆(全国最大的科技图书

---

① 《竺可桢日记》第2册,人民出版社,1984年,第1286页。
② 同上,第1294页。

馆)捐献给国家,这就是后来的上海卢湾区图书馆;同年秋,中国科学社所属印刷厂(在印刷科学书刊方面具有国内一流水平)移交给中国科学院。

1960年,中国科学社以捐献的名义,将所有财产,包括房屋、图书、设备和八万多元余款上交国家,并停止了一切活动。这让人想起任鸿隽在1948年说过的一句话:"私人学术团体及研究机关,有其重要的地位,因为它们可以保存一点自由空气,可以保护学术天才。"[①]

据说任鸿隽当时曾提出一个小小的请求,希望《科学》季刊不要中断。但"结果是财产交了,《科学》断了"[②]。

1961年,就在办理中国科学社财产移交手续之后不久,任鸿隽溘然长逝,享年七十五岁。

---

① 《科学救国之梦——任鸿隽文存》,第619页。
② 同上,第766页。

附：

任鸿隽的启示

由于众所周知的原因，我们在继承五四运动的两大传统——民主与科学方面，总是表现出一种厚此薄彼的态势。这就使"民主"的命运远远不如"科学"的待遇。也就是说，无论在官方还是民间，科学比民主更容易受到重视和青睐。

以专业选择为例，在大多数人眼里，科学不仅是实实在在的学问，而且安全系数也很大，所以大家都愿意接受"科学"教育，从事"科学"工作。但实际上，我们在科学的认识上却存在很大误区，这是我读了任鸿隽著述之后的最大感受。

任鸿隽是中国科学事业的先驱者。他不仅是我国第一个科学团体——"中国科学社"的发起人，也是我国第一个科学期刊——《科学》的领导者，据说"科学"一词就是在他的倡导下流行起来的。作为一个组织者和活动家，他为中国科学事业从无到有、从小到大立下了汗马功劳，建立了不可磨灭的贡献。然而多年来无论是官方还是民间，却很少有人注意他、研究他、纪念他。因此他的理想、事业便后继乏人，他的奋斗、追求也成了南柯一梦。从这个角度来看，由樊洪业和张久春选编、上海科技教育出版社和上海科学技术出版社联袂推出的《科学救国之梦——任鸿隽文存》，就不仅是发掘了一位被人遗忘的先哲，还为世人提供了一个思想认识上的参照，使我们能够发现自己在继承和弘扬"五四"的科学传统上也存在着严重的偏差。

纵观任鸿隽对科学的理解和阐释，我以为有以下几点特别值得注意。

第一是科学起源。

一提起科学,许多人都把它与报效祖国、振兴中华等历史使命联系起来。任鸿隽认为,近代中国落后的原因,固然是因为没有科学,但是却不能把科学与这类功利性目的联系在一起。因为真正的科学家研究科学,不是为名利所驱使,而是为好奇心所引诱。这也是科学首先出现在西方的主要原因。换言之,如果仅仅是为了一些外在的功利目的而不是为了内心的求知需要,科学是不会产生、也不会健康发展的。他指出,为了人类天生的好奇心以及由此而来的精神需要,阿基米德、伽利略、哥白尼等人甚至能够牺牲自己的生命。我想,这与陈景润在"文革"中不顾一切地求证哥德巴赫猜想是一个道理。

任先生的论述提醒我们:如果只想把科学当作一种富国强兵的手段,或者是改善生活的工具;如果只想从物质文明方面来追赶西方,却又不晓得科学的起源和科学的真谛,其结果只能是像洋务派一样,陷入舍本逐末的老路。正因为如此,他认为当年自己为了革命而制造炸弹而选择化学专业也是不对的。总之一句话,如果我们的科学家没有单纯的求知好奇,没有真正的内在动力,无论他们的口号多么响亮,目的多么高尚,中国的科学不会走上正路。

第二是科学精神。

著名科学家竺可桢曾把科学精神概括为"只问是非,不计利害"八个字。拿这个标准来衡量当今学界,我不知道能够称得上是科学家(包括社会科学家)的能有几人。比如上述专业选择倾向,人们首先考虑的不是大是大非,而是个人利害,这正好与科学精神相悖。因此我们有理由怀疑,在这种专业选择的背景下,怎么会培养出真正的科学家呢?

近年来日本已经有多人荣获诺贝尔奖,但大陆却至今无人荣获自然科学类诺贝尔奖①。这是为什么呢?以我看除了科学体制方面的原因外,从个人的角度来检讨,缺乏科学精神和科学态度恐怕是最重要的因素。竺可桢说,要想在科学上有所成就,就必须有"不盲从、不附和、不武断、不蛮横、不苟且、不无病呻吟的科学态度"。任鸿隽对这种科学态度的解释是:"把事实放在思想构造的第一位,(至于)那些主义和理论,只放在第二位,或竟不管他。"这也提醒那些科研领域的管理者们,科学研究是一种独立自由的精神活动,如果你总是给科学家们定一些必须遵循的条条框框,那只能对科学事业造成伤害。

第三是科学功用。

当今社会,总是把科学技术相提并论,这就很容易把科学和技术混为一谈。我前面说无论在官方还是民间,科学比民主更容易受到重视和青睐。其实被重视受青睐的不是科学而是技术。多年来,基础科学不仅没有被重视,反而倍受冷落。许多纯理论研究不仅经费无着,而且后继乏人。这一点,从每年的高考招生中就不难看出。这种现象说明许多人已经把学习科学技术当成了一块捞取功名利禄的敲门砖,至于个人的兴趣、爱好,特别是那可贵的求知欲和好奇心,则无暇顾及了。用任鸿隽的话来说,这叫"为利而学",而不是"为学而学"。这也是中国长期衰弱、国人"非愚则谀"的主要原因。如此可悲的状

---

① 2015年10月,屠呦呦获得诺贝尔生理学或医学奖,成为第一位获得诺贝尔科学奖的中国本土科学家。——编者注

况,是中国科学事业举步维艰、发展缓慢的症结之所在。

由于有洋务运动的前车之鉴,任鸿隽最反对把科学与技术混为一谈。他指出,人类物质生活的改善和技术的进步,不是科学家的最初动机,而是科学研究的必然结果。他把科学当作发现真理的唯一法门,把科学研究当作学者的天职,如果只是重视作为枝枝节节的技术,不重视它的根本科学,我们还会重复当年洋务运动的老路。

在抗日战争中,任鸿隽看到许多学生把经济学、商学和应用科学当作热门专业,而纯粹的基础科学却几乎无人问津,便感到我国科学面临着重大危机。他告诫大家:人不能单靠面包而生活,如果在物质生活之外不能发现高层次的精神活动,人生还有什么意义?他还指出,纯理论研究最需要保持心灵的自由,它不应该受到干涉,应该享受特别保护。

第四是科学教育。

任鸿隽不仅是科学家,而且也是教育家,因此他对教育问题特别关注。他认为人生最大的痛苦,莫过于强迫他学习不感兴趣的专业、从事不感兴趣的工作。他非常赞成长期在中国工作的科学家葛利普先生的观点:一个人选择某个专业不是为了谋生,而是因为他喜欢这种工作。也就是说,一个人要想获得成功,必须热爱他所从事的专业。他还指出,中国的"学术死亡率"高达 99% 以上,是因为许多人在大学毕业后放弃了研究工作,这是一种很大的浪费。

任鸿隽说过:"一个理想中有教育的人,在智慧方面,至少的限度,必须对事理有正确圆满的了解,对于行事有独立自信的精神。要养成这样的人格,第一的需要,是智识上的好奇心。

有了智识上的好奇心，方能对于各种的问题或事务，加以独立的研究。研究所得的结果，才是我们信仰的根据。"因此他最反对向青少年灌输所谓信仰，认为这样会扼杀他们在智识上的好奇心，与欧洲中世纪宗教专制思想没有两样。

最后需要说明的是，中国科学社虽然是一个私人学术团体，但是自1914年成立以后，就成了我国科学事业最权威的领导机构，这与英国皇家学会非常相似。到了1948年，任鸿隽似乎预感到什么，曾说过这样的话："在计划科学成了流行政策的今日，私立学术团体及研究机关，有其重要的地位，因为它们可以保存一点自由空气，发展学术天才。"然而没有过多久，中国科学社就失去了其权威地位，到了1960年，该社被迫停止活动。

地质篇

Science

丁文江三题

（一）世纪性的悲哀

多年前,李慎之先生曾意味深长地说:"读古人的书,我历来容易产生一种'登高自卑'的感觉,老觉得如果不能说中国人的遗传基因出了问题,至少也是文化基因出了问题。"①当时我除了惊讶李先生之深刻外,还觉得他有一种欲言又止的苦衷。日前读了朱学勤在 1996 年第一期《读书》上发表的文章,才联想到,与其说国人的文化基因出了问题,倒不如说知识分子的人格早已被扭曲;套用李先生的话,不妨说是人格基因出了问题。君不见,这些年来,曲学阿世的追名之徒、逐利之辈,不是随处可见吗? 相比之下,所谓铁肩道义和妙手文章也实在是太少了。

朱文提到,20 世纪 20 年代初,丁文江、蔡元培、胡适等十六位著名学者曾经在《我们的政治主张》上签名,认为是他们"酿成中国现代史上第一次稍为有点模样的自由知识分子运动"。这话让我倍感亲切。它使我想起自己在 1989 年苦夏所写的一篇论文——《试论胡适在二十年代初的政治主张——重评"好政府主义"》。这是我在发表《试论胡适在五四时期的政

---

① 《读书》,1994 年 10 期。

治主张——兼评"问题与主义"之争》以后的又一个尝试。文章寄出之后,自然是石沉大海,杳无音讯。试想,在那样的年代,又有哪一家刊物能发这样的文章呢?

由于朱文是我至今所见的对这一历史事件最公允的评价,再加上作者对丁文江的同情和赞许,我又找出胡适写的《丁在君这个人》和《丁文江传记》,再度饱览这位现代知识分子的风采。我很同意傅斯年说过的一句话:像丁文江"这样的一个人格,应当在国人心中留个深刻的印象",因为他是一位既不放弃知识关怀又不放弃社会责任的人。这样的人,在如今的知识分子已经十分罕见。

丁文江(1887—1936)早年负笈日本,后来在吴稚辉影响下又到英国留学,成为我国最早的地质科学家。其人格取向的一个重要表现,就是在二三十年代两次鼓动胡适等人创办同人刊物,讨论、批评,甚至干预政治。胡适说,第一次,丁文江针对他所谓"二十年不干政治,二十年不谈政治"的论调批评道:"你的主张是一种妄想,你们的文学革命,思想改革,文化建设,都禁不起腐败政治的摧残。"丁还说:如今"最可怕的是有知识有道德的人不肯向政治上去努力"。于是,就有了《努力周刊》的问世和上述十六人的签名运动。第二次是在"九一八"事变之后,为了在国难当头之际保持自己的独立思考和人格尊严,他们创办了《独立评论》。在此期间,尽管丁文江不过是一介书生,并没有领兵打仗和管理国家的经验,但他却写下了《假如我是张学良》《假如我是蒋介石》等文章,敢于给张、蒋等人出主意。另外,由于时代的局限和认识的偏差,他也有过判断上的失误。比如当年他出任淞沪商埠总办(相当于上海市市长)就多遭后人诟病,访苏归来后又提出"新式的独裁政治",也是政治上不成熟的一个明显例证。

尽管如此,我对于丁文江却始终有种仰之弥高的崇敬感。因为在我们这个国度,许多高雅的学问不是被政治家玩弄于股掌之间,就是被文化人当作逃避现实的工具。文化人的清高,不仅反映了政治的污浊,也成为他们应付环境最好选择。这其实只能助长人们的虚伪油滑和不负责任。丁文江以真诚坦荡、无私无畏的精神来面对现实政治,完全是为了在政治与学术之间建立一座可以沟通的桥梁。然而他的这种努力却很难被后人所理解。这也是一种世纪性的悲哀。

(二) 丁文江墓前的沉思

为了去湘西旅游,"五一小长假"刚过,我就搭上南下的火车去了长沙。既然到了长沙,岳麓山就是必游之地。早在1976 年暑假,我就来过这里,其荒凉破败的景象至今难忘。这次故地重游,很想寻找一点当年的痕迹和历史的记忆。然而由于时过境迁,这里不仅焕然一新,还浸润在浓烈的商业氛围之中。这让我多少有点失望。

在岳麓山风景区,有许多著名历史人物的墓地,比如黄兴、蔡锷、陈天华、姚宏业、禹之谟等人,都被埋葬在这里。黄兴墓位于云麓峰一侧,墓冢由花岗石建成,墓前那十一米高的四棱形墓碑,犹如一柄直指云天的长剑。据说这是为了表现墓主生前驰骋疆场、叱咤风云的气势。蔡锷墓在麓山寺后面的山坡上。墓冢虽然也是由花岗石砌成,但墓碑只有七米,比黄兴低了不少。

　　尽管我对这些湖南籍革命先烈充满敬意，但总觉得墓地有点奢华。另外，这些人未必死在长沙，却都要葬在岳麓山上，也让人觉得有点浪费。相比之下，丁文江不是本地人，但由于他有"埋骨何须桑梓地，人间处处有青山"的愿望，还有"丧葬从简"的遗嘱，所以当他在湖南不幸去世以后，亲友们就把他葬在岳麓山一侧。

　　丁文江字在君，江苏泰兴人。他早年留学日本，后来去了英国，先后入剑桥大学和格拉斯哥大学攻读地质学、动物学等专业。学成回国后，他成为中国地质科学的奠基人之一，不但在地质调查和地质教育方面取得很大成就，而且在地理学、人种学、优生学、考古学、历史学等领域也有独特贡献。

　　胡适认为，丁文江从小就出国留学，接受了正规的科学训练，所以"是一个欧化最深……科学化最深的中国人"。这两个"最深"，最能说明丁文江的与众不同。丁文江的最大特点，就是他不但在专业方面非常优秀，而且还特别关心政治。他指出："我们中国政治的混乱，不是因为国民程度幼稚，不是因为政客官僚腐败，不是因为武人军阀专横；是因为'少数人'没有责任心，而且没有负责任的能力。"他认为："只要有少数里面的少数，优秀里面的优秀，不肯束手待毙，天下事不怕没有办法的。"基于这一认识，他公开宣布"谈论政治是我们的唯一的目的，改良政治是我们唯一的义务"。此外，他还诚恳地对大家说："最可怕的是一种有知识有道德的人不肯向政治上去努力。"

正因为如此，登岳麓山，拜谒丁文江墓，就成了此行的主要目的之一。那天上午，我来到岳麓山景区门口，在导游图上找到丁文江墓之后，便兴致勃勃地进入景区。但是上山以后，却怎么也找不到墓地在什么地方。向人打听，无论是小卖部老板还是来来往往的游客，都一脸茫然，不知丁文江是何方神圣。直到最后，才在一位退休的教师的指点下，找到通往丁文江墓地的小路。

沿着杂草丛生的小路往下走，好像进入另一个世界。与山上的人声嘈杂、喇叭喧嚣相比，这里给人以"蝉噪林愈静，鸟鸣山更幽"的感觉。因为人迹罕至，所以走了不远我就产生怀疑，生怕走错了路。这时恰好过来一位年轻人，他告诉我丁文江墓就在下面。

丁文江是1936年应铁道部部长顾孟余的请求，在考察粤汉铁路沿线的矿产资源时，因煤气中毒而去世的。这让我想起他最喜欢的外国诗句："明天就死又何妨！只拼命做工，就像你永远不会死一样！"胡适认为，这应该是丁文江"最适当的墓志铭"。然而当我来到墓地以后，却看到墓碑上除了"丁文江先生之墓"的官样文章外，根本没有他喜欢的诗句。

在墓地侧面，还有长沙市政府立的一块石碑，上面有"长沙市文物保护单位""长沙市人民政府二〇〇五年八月三十日公布""长沙市岳麓区人民政府二〇〇五年十月二十日立"等字样。据我所知，丁文江墓在"文革"中就受到严重破坏。改革开放以后，湖南省政府斥资七万元进行维修，但因为没有采取保护措施，后来又被破坏。直到2007年丁文江诞辰一百二十周年时，当地政府才根据全国政协的一项提案，再次进行维修。

这好像与政府的碑文有点矛盾。

这时我想起另外一件事情。早在大革命前夕,丁文江曾经应孙传芳的邀请,担任过相当于上海市市长的淞沪商埠督办公署总办,并且为收回上海租界的主权做出很大贡献。但是在十几年之前,有人却套用他的诗句,说他是"出山不如在山清"!

于是我陷入沉思。自古以来,中国知识分子就有"家事国事天下事事事关心"的传统。但是这些年来,学术界的某些人却对这个传统横加指责,甚至说这种关心是不务正业。因此我认为,这些人不敢"谈论政治",不愿意承担公民的义务,还要对别人说三道四,是"外貌忠诚谨慎,实际上则欺世盗名"的乡愿心理在作怪。

(三) 朱家骅悼念丁文江

在民国以来的科学家中,地质学家是一个独特的群体。所谓独特,是这个群体中弃学从政的人比较多,而丁文江、文翁灏和朱家骅,则是其中的佼佼者。在这三个人中,丁文江英年早逝,翁文灏官至首辅,朱家骅服务最久。也许是志同道合的原因吧,在丁文江去世二十周年即 1956 年的时候,朱家骅在台湾写了一篇悼念他的文章——《丁文江与中央研究院》。

朱家骅说,因为他与丁文江的四弟是中学同学,所以很早就听说过丁文江的大名。后来他去德国留学,丁还委托过他收集地质学和古生物学方面的图书杂志。1924 年他留学归来后到北京大学任教,丁文江和翁文灏以同行兼同事的名义为他洗尘,两人才第一次见面。在交往中,朱家骅对丁文江的认识可以概括为四点：第一，丁是一位很能干有为的学者；第二，他的议论和风采，能给人留下深刻的印象；第三，他爱护后进，只要发现可造之才，无不竭尽心力予以帮助；第四，地质学能够在中国建立学术标准，不能不归功于丁先生的努力。这说明丁文江是中国地质科学的开拓者和奠基人。

丁文江除了在学术上的贡献之外，还热衷于政治，是学者从政的典范。在这个问题上，他与自己的好友胡适有很大分歧。当年胡适留学归来时，曾经立下"二十年不谈政治，二十年不干政治"的誓言。究其原因，恐怕与中国政治的混乱有关。但是丁文江却认为："我们中国政治混乱，不是因为国民程度幼稚，不是因为政治官僚腐败，不是因为武人军阀专横——是因为'少数人'没有责任心和没有负责任的能力。"

基于这样一种认识，他表示只要几个有知识、有能力、有道德的人，以"百折不挠的决心"和"拔山蹈海的勇气"，就能够打开风气并改变这种混乱的局面。

在此基础上，他批评胡适说："你的主张是一种妄想，你们的文学革命、思想革命、文化建设，都禁不起腐败政治的摧残。"要知道，"良好的政治是一切和平的社会改善的必要条件"。

正因为如此，丁文江于1926年应孙传芳的邀请，担任"淞沪商埠督办公署总办"一职，在一年内，他为大上海的司法改革、税务管理和规划建设做了不懈的努力。可惜的是，就在丁文江大显身手的时候，北伐军已经逼近上海，并在长江中下游一带打败了孙传芳的主力。这样一来，他不仅没有施展才华、实现抱负，反而落了个北洋军阀帮凶的罪名。

前不久，我曾经在一篇短文中介绍过沈怡对大上海的贡献。沈怡是在1927年南京国民政府成立以后担任上海市工务局局长的。他的所作所为,不过是萧规曹随,沿袭了丁文江的思路和方案而已。

据我所知,朱家骅的这篇文章,原本被收入《朱家骅先生言论集》中。这本书是"中央研究院"近代史研究所史料丛刊之一,共分十四部分,其中包括"文化学术""中央研究院""教育言论""新生活运动""中英庚款基金董事会""交通部与浙江省政""党务教育""抗战言论""国际联盟和联合国""边疆言论""专论""致中外友人""书序""追念师友"等内容。

朱家骅是中国教育界、学术界的泰斗,外交界的耆宿,中国近代地质学的奠基人,中国现代化的先驱。另外,由于他有过人的聪明才智和过剩的精力,又担任过教育、学术、政府、政党等领域的重要职务,所以他是一个与中国政局的演变有密不可分的关系、并且对现代中国产生过巨大影响的人物。

尽管如此,朱家骅所追念师友只有蒋百里、蔡元培、滕若渠、朱子元、张静江、戴季陶、傅斯年、丁文江等八个人,可见他交友是比较慎重的。在我看来,朱家骅写丁文江,至少有三个原因:第一,他们都是地质学家;第二,他们都担任过中央研究院院长;第三,他们都有从政的经历。所以他在这篇文章中开门见山地说:"在君先生是一位有办事才华的科学家,普通科学家未必长于办事,普通能办事的又未必精于科学,精于科学而又长于办事,如在君先生,实为我国现代稀有的人物。"在君是丁文江的表字,朱家骅这句话,准确地说出了丁文江的过人之处。

在这篇文章中,朱家骅写了一件小事:在民国十五年即

1926年,他应中山大学聘请,离开北京前往广州担任地质学教授。在路过天津的时候,正好遇上由上海返回天津探亲的丁文江先生,随后他们又在上海见了面。在谈及朱家骅此行的目的时,丁表示非常赞同,这大大出乎朱家骅的意料。他说:当时是北伐战争期间,孙传芳正在与国民革命军打仗,丁先生在孙手下做事,却不反对我去广州。从这里可以看出他对政局的看法和对朋友的一番真诚,实在令人感佩。

朱家骅还说:"淞沪总办这一段事迹,是他最受批评的地方,也可以说是他生平的耻辱,但其动机是完全出于热诚爱国,想替国家做一番事业,他也很自信有替国家做事的能力。"这段话中除"耻辱"二字因为党派色彩而有些过分之外,其他内容还是非常中肯的。

在这篇文章中,朱家骅还回顾了丁文江对中央研究院的最大贡献,就是在担任院长期间成立了评议会。朱家骅说:"有了评议会,才有后来的院士会议,有了院士会议,研究院的体制才正式完成,这是我们同人所深深感谢的。"正因为如此,朱认为丁文江是"中国学术界开辟新纪元的一个科学家,……他治学的精神和做人的准则,必将永垂世间"。

读了朱家骅的这番话,再看看如今学术界的状况,我们应该有所启示。

天才的学者，失败的政要

——翁文灏的人生悲剧

　　如果在网络搜索引擎上输入"翁文灏"三个字，就可以看到这样的介绍："翁文灏（1889—1971）是中国第一位地质学博士、中国第一本《地质学讲义》的编写者、第一位撰写中国矿产志的中国学者、中国第一张着色全国地质图的编制者、中国第一位考察地震灾害并出版地震专著的学者、第一份《中国矿业纪要》的创办者之一、第一位代表中国出席国际地质会议的地质学者、第一位系统而科学地研究中国山脉的中国学者、第一位对中国煤炭按其化学成分进行分类的学者、燕山运动及与之有关的岩浆活动和金属矿床形成理论的首创者、开发中国第一个油田的组织领导者。"

　　这么多的"中国第一"，在现代学术史上极为罕见。遗憾的是他后来并没有沿着学术的道路走下去，而是选择了一条弃学从政的道路。翁文灏为什么会有如此选择呢？这还要从头说起。

（一）家世和出身

　　翁文灏，字咏霓，出身于浙江宁波一个富裕的绅商家庭。据说翁家祖上最初以种田撑船为生，后来逐渐涉足商业，到了翁文灏高祖时，其家业开始兴旺起来。翁的曾祖父也善于经商，把生意做到了杭州和上海。但是在那"万般皆下品，唯有读书高"的时代，商人是不入流的，于是他的祖父翁运高走上了科举之路。运高擅长诗文，才华卓著，是同治年间举人、宁波一带名士。受家庭的影响，翁文灏之父翁传洙也好义疏财，兴趣广泛。有一次，传洙购买一艘小火轮，自己驾驶去上海游玩，玩腻了便分文不取送给朋友。在那汽车尚未进入中国的时候，他已经玩"游艇"了。正因为如此，翁家也摆脱不了"富不过三代"的魔咒，开始走入下坡路。

翁文灏六岁生日那天，他的母亲因夫妻关系不和而自寻短见。好在继母进门后对他视如己出，督促学习，催其上进，这对他的成长非常有利。翁文灏十三岁的时候参加县试考中秀才，被人们视为神童，在当地传为佳话。第二年他参加乡试却未能中举，出乎人们预料。不久，清政府废除科举制度，他考入上海震旦学院，在那里学到许多科学文化知识和社会变革理论，这一年他十七岁。

1908 年，十九岁的翁文灏参加浙江省官费留学生考试，获得赴比利时留学机会。他起初想学铁路，后来进入著名的鲁汶大学攻读地质科学，最终获理学博士学位。

（二）留学归来

翁文灏 1913 年学成回国后，适值丁文江在北京创办了地质研究所和地质调查所。他担任地质研究所讲师，并将全家接到北京。1918 年，丁文江随梁启超赴欧洲考察，他代理地质调查所所长职务。当时翁文灏家里人多,政府又经常欠薪,所以生活比较困难。这时他的表兄李思浩正好出任北洋政府财政总长,劝他去税务部门当官。李说:"这个差使奉公守法的人一年也有六万元的好处,你去一年先把生活问题解决了,再回来做科学工作不迟。"但是翁文灏对李说:"谢谢你的好意,我的生活很简单,用不着这许多钱的。"①

　　1922年2月,中国地质学会成立,翁文灏当选为副会长。同年8月,翁作为中国的唯一代表赴比利时出席第十三届国际地质学大会,又当选为该会副会长和评议员。回国以后,翁受到各界人士的热烈欢迎,大总统黎元洪亦因此而颁布嘉奖令。1924年1月,翁当选为中国地质学会会长。随后,他以《中国山脉考》《中国地理学中的几个错误的原则》《中国地势》(与人合作)以及《中华民国新地图》等著述奠定了他在中国学术界的地位。与此同时,他还在中俄边界勘察、西部石油开发等领域做出了重要的贡献。

　　除此之外,翁文灏还创立了"燕山运动"理论,并主持了周口店发掘工作。著名地质学家黄汲清在《翁文灏先生与北京猿人之发现》(未刊稿)中说:"翁文灏作为地质调查所所长,自始至终,从宏观上组织领导周口店的发掘、科研工作,调动老中青专家的积极性,团结不同国籍、不同学术观点的学者长期相处,密切合作,互相学习,共同提高,并为同一目标而努力奋斗。以某种意义上说,他的功劳并不在步达生、杨钟健、裴文中之下。"②

---

①　李学通:《翁文灏年谱》,山东教育出版社,2005年,第29页。下同,不再一一列出。

②　同上,第62页。

(三) 庐山讲学

1929 年，翁文灏应清华大学校长罗家伦之邀，组织创办了清华大学地理学系并兼任系主任。1931 年 6 月，清华大学校长吴南轩因学潮被迫辞职，南京国民政府任命翁文灏为代理校长。在此期间，他为清华破格录取了文科很好理科极差的吴春晗（后改名吴晗），成为教育史上的一段佳话。但是，因为个人志趣始终在地质科学方面，所以他很快就辞去清华大学校长职务。

"九一八"事变以后，翁文灏与胡适、丁文江、傅斯年等人共同创办《独立评论》并发表许多文章。这些文章涉及科学普及、资源开发、民主宪政和收复失地等诸多方面。在谈到制度问题时，他推心置腹地对年轻人说："……无论信仰什么主义或采取什么制度，都要用好好的人，去好好的做。政者正也。无论什么制度，其最重要的目的只在有法子使好的有能力的人能够上去当政，不行的或不相宜的能够和平的下来。"①这与当年胡适倡导的"好人政治"完全一致。

1932 年夏，翁文灏应蒋介石之邀赴庐山为其讲学，成了他人生道路的重要转折点。当时蒋提出了成立国防设计委员会的设想，该会隶属于参谋本部，由蒋介石亲自任委员长，翁文灏任秘书长，钱昌照任副秘书长负责处理日常事务。

据钱昌照说，这个主意是他提出的，他认为"国防设计应该

① 《独立评论》第 15 号，第 3 页。

是广义的,其中包括军事、国际关系、教育文化、财政经济、原料及制造、交通运输、土地及粮食和专门人才的调查等部门"。①由此可见,这是一个高度集权的垄断机构。

(四) 遭遇车祸

尽管翁文灏答应了蒋介石的邀请,但是他仍然把许多精力放在地质调查方面。1934 年 2 月,当他得知浙江长兴发现石油矿苗,便乘南京开会之机前去考察。不料在考察途中因司机驾驶不当遭遇车祸,他险些丧命。这场车祸震动了政学两界,蒋介石电令浙江省主席鲁涤平组织抢救,胡适也致函当时的行政院院长汪精卫,对翁文灏的情况表示强烈担忧。随后,胡在《独立评论》上借用朋友的话,说翁文灏是人间稀有的天才,"是五十万条性命换不来的!"②

有人看到这种说法,怀疑他们是"台里喝彩""互相标榜"。为此丁文江以"我所知道的翁咏霓"为题,对翁的简朴生活和高尚人格做了介绍。在此基础上,丁文江还满怀深情地写道:

> 青年的读者!有人告诉你,"社会是万恶的""社会上没有好人",你不要相信他,因为翁先生就是一个极好的反证。
>
> 有人告诉你,环境是不可抵抗的,人是环境的产物,

---

① 《文史资料选辑(合订本)》第 4 卷,第 250 页。
② 《独立评论》第 90 号,第 20 页。

你不要相信他，翁先生早年的环境是一个十足的纨绔，……然而他从没有因此而志气颓丧，或者因为室家之累而放弃他的为学与做人之道。足见得肯努力的人可以战胜环境。

有人告诉你，非会得吹牛拍马不能在社会上立足，你不要相信他。翁先生是最不会吹牛拍马的人……

有人告诉你，社会没有公道，朋友没有真心，你不要相信他。这一次翁先生受了伤，许多和他交情很浅而且没有利害关系的人都纷纷的打电报写信探问他的病状……

由此看来，中国现在的"世道人心"并没有比任何时代，任何国家坏。青年的读者，希望你们把翁先生做模范，努力来建设簇新的国家！①

从这篇文章中不仅能看出翁文灏的人格风范，还能看到当时社会的基本情况。

（五）弃学从政

就在翁文灏养病期间，国防设计委员会改隶军事委员会，并更名为资源委员会，成为一个主管重工业建设的部门。1935年，蒋介石接替汪精卫出任行政院长，邀翁文灏担任该院秘书长。大概是基于蒋对他的知遇之情和救命之恩吧，翁欣然接受。

---

① 《独立评论》第 97 号。

全面抗战开始后,国民政府经过重大改组,将资源委员会划归经济部,翁文灏担任经济部部长兼资源委员会主任委员,钱昌照任资委会副主任委员。

对于钱昌照这个人,沈怡和张慰慈都有评论。沈是钱的妻兄,他早年在德国专攻水利,回国后进入政界,担任过交通部次长、大连市市长、南京特别市市长等职。晚年他在谈到自己的这位妹夫时,讲了四点长处:一是聪明过人,二是善于学习,三是知人善任,四是颇有魄力。与此同时,他还讲了钱的若干短处,其中最要命的是少年得志、目中无人。另外,沈对翁文灏的印象是"学问、道德、操守,在令人尊重,只是他有一个缺点,即气度狭窄,疑心病很重"①。

张慰慈既是胡适的好友,又是著名的政治学家。全面抗战开始后,他在资源委员会担任购置室主任,因为不满意钱昌照的作风而想辞职。所以他在1938年年底写信对胡适说:

> 在所谓抗战时期,决不是我们讲建设的时候,因为所谓厂矿决非立时立刻可以办得起来,等到办了一半停止,不是前功尽弃,白费金钱?但乙藜(钱昌照字)先生一类人物只晓得海阔天空,乱吹乱唱,今天办这样,明天办那样,至于怎样去办,办了以后又有怎样影响,他们毫不计及,到了今年秋天,湖南湖北江西等处的厂矿就拆的拆,搬的搬,毁的毁,不晓得白费了多少金钱。可是经过了这样的教训以后,他们还是不能觉悟,照样的要买这样,买那样,还是

① 沈怡:《沈怡自述》,台湾传记文学出版社,1985年,第188—189页。

大刀阔斧的去干。但我却不愿意把有用的金钱由我的手里白花出去，所以借了另外一个题目，打了几个电报向资源委员会辞职。①

他还说："咏霓是一个极好的好人，但胆子太小，气量不大，很不容易有作为。我想他对于资源委员会的事务，很不满意，不过他没有办法，只得听之而已。"②

（六）背负恶名

1944 年，翁文灏的次子翁心翰在驾驶飞机袭击日军时不幸牺牲。《大公报》就此事对翁文灏做了专访，翁说："本来作战就是危险的，报国心切的人，在作战时死的机会更多。"该报认为，"这伟大的父亲用大义驱除了'丧子之痛'的悲哀"。③

1945 年 5 月，翁文灏被推举为行政院副院长、国民政府委员，1947 年 4 月他辞去行政院副院长之职，再度担任资源委员会领导职务。他这次返回资源委员会，大概与傅斯年炮轰宋子文以及钱昌照的辞职有关。

1947 年 1 月，著名学者傅斯年在《世纪评论》和《观察》连续发表文章，炮轰当时的行政院院长宋子文。其中有这样一段话：

---

① 《胡适来往书信选（中）》，中华书局香港分局，1983 年，第392 页。
② 同上。
③ 《翁文灏年谱》，第 310 页。

……资源委员会号称办理一切重工业。这样发达的国家资本,我们应该几乎要成社会主义国家了,然而内容大大不然。糟得很多,效能二字谈不到的更多。譬如两路局,资源委员会等,你不能说他贪污。但无能和不合理的现象更普遍。推其原因,各种恶势力支配着(自然不以孔宋为限),豪门把持着,于是乎大体上在紊乱着,荒唐着,僵冻着,腐败着。恶势力支配,便更滋养恶势力,豪门把持,便是发展豪门,循环不已,照道理说,国家必糟。[1]

傅斯年还说,宋子文"有时仿佛像是有政策的",但"他的作风是极其蛮横",因此他所谓"国营",不过是"宋营"。在这种情况下,资源委员会所属各单位又都是"无办法,或非赔钱不可的",因此他所谓"国营",不过"是'国赔'而已"。[2]

对于翁文灏和钱昌照,胡适在1954年曾借用朋友的话做过评论:"中国士大夫阶级中,很有人认为社会主义是今日世界大势所趋;其中许多人受了费边社会主义的影响,还有一部分人是拉斯基的学生。但是最重要的还是在政府任职的许多官吏,他们认为中国经济的发展只有依赖政府,靠政府直接经营的工业矿业以及其他的企业。从前持这种主张最力的,莫过于翁文灏和钱昌照,他们所办的资源委员会,在过去二十年之中,把持了中国的工业矿业,对于私有企业(大都是民国初年所包办的私有企业)蚕食鲸吞,或则被其窒息而死。他们两位(翁文灏、钱

---

[1]　《观察》第2卷第1期,1947年3月1日。

[2]　同上。

昌照）终于靠拢，反美而羡慕苏俄，也许与他们的思想是有关系的。"①

（七）上台下野

1948 年 6 月，翁文灏应蒋介石之邀，出任政府行宪后第一任行政院长。对于这件事，美国驻华大使司徒雷登在给华盛顿的报告中写道："翁被承认在经济事务和个人正直方面是合格的，但他没有力量，没有私人追随者。……我们认为，翁将发现他本人处于不愉快的地位，在固执己见、刚愎自用的委员长和难以对付的立法院之间，他将无可奈何。"②

上任之后，翁文灏推出由金圆券取代法币的金融改革方案，试图以行政手段控制物价，结果酿成大乱，从而使他辞去行政院院长职务。这一年年底，中共公布战犯名单，翁文灏名列其中。1949 年 1 月蒋介石下野后，翁文灏应代总统李宗仁之邀，担任总统府秘书长。同年 5 月，李宗仁与中共和谈失败，眼看大势已去，改朝换代不可避免，翁文灏辞去秘书长职务避居香港。随后，他写信与长子翁心源联系，打听返回内地的可能性。

翁心源是著名的石油管道运输专家，当时任上海石油公司工程室主任。由于该公司已经被中共接管，所以他把父亲的愿望通过军代表向华东工业部部长汪道涵等人做了汇报。

① 胡颂平编：《胡适之先生年谱长编初稿》第 7 册，台湾联经出版公司 1984 年版，第 2374 页。
② 《翁文灏年谱》，第 334 页。

就在这时,陈诚也从台湾发来电报,邀请翁文灏前去"襄理政务"。据说是基于安全方面的考虑,翁文灏没有答应,而是前往法国避难。这一年,他正好六十周岁,已经是一位花甲老人了。

(八) 晚年境遇

到了法国以后,他通过老朋友邵力子和老部下孙越崎不断打听返回北京的可能性。周恩来得知此事以后表示欢迎,并希望他途经苏联回国,但他还是选择从香港入境。翁文灏如此选择,不知是不是接受了冯玉祥在苏联境内遇难的教训。

1951年3月初,翁文灏经香港、澳门回到北京的消息,在国际社会激起巨大波澜,这件事被视为中共统战工作的一大胜利。随后,有关部门给他送来一大堆毛泽东著作,让他通过学习,深刻认识自己的"罪恶"。对于这种说法,翁文灏无法接受,他认为自己只是犯了"错误"。经过一段学习,特别是参阅了冯友兰、王芸生、费孝通、吴晗等人的检讨,他以"反省以往错误回到人民中间"为题,写了一万两千字的文章进行检讨。但是有关方面拒绝接受。又经过五个多月的反反复复,翁文灏才以"向人民请罪"的态度,勉强通过统战部门的审查。

1953年年底和1954年年初北京市选举人民代表的时候,翁文灏收到一张选民证。但是没过多久,街道干部又收走了这张选民证,这意味着翁文灏被剥夺了政治权利。他到处申诉,最后北京市委负责人刘仁派人对他说："翁文灏于1948年被列入战犯，归国情况与傅作义、程潜有所不同，……不能给予选举权。"①

1954年，他的文章《沉痛追溯我的反动罪状》同时在《人民日报》《光明日报》《大公报》等报刊发表。这一年，他还被安排发表对台广播讲话，号召去了台湾的人要当机立断，弃暗投明。经过一轮又一轮的考验，翁文灏终于在这一年年底被安排为全国政协委员，并受到毛泽东和周恩来的接见。

1957年"整风"运动期间，翁文灏发现"风气已大变，鸣放之风已根本停止"，遂保持沉默，不再发表意见。②

"文化大革命"开始后，他已经是七十七岁高龄。红卫兵抄家批斗，让他难以承受。无奈之下，儿子翁心源只好向总理办公室求救。随后，翁心源本人也无法自保，于1970年在湖北潜江石油部"五七"干校时，因难以忍受无休止的批斗而自溺身亡。面对如此惨痛的人间悲剧，翁文灏再也无法承受，于1971年1月27日在北京逝世，享年八十二岁。

早在20世纪30年代初，著名的《东方》杂志曾以"梦想的中国"和"梦想的个人生活"为题目，组织了一次大型征文活动。胡适在谈到《梦想的中国》时颇富想象力地写道："话说1968年的'双十节'，是那位八十岁大总统翁文灏先生就职二十年的纪念大典，老夫那天以老朋友的资格参预那盛大的祝典，听翁大总统的演说，题目是'二十年的回顾'。"

---

① 《翁文灏年谱》，第374页。
② 同上，第386页。

令人遗憾的不仅是胡适未能活到那一天,更重要的是到了1968年的时候,这位曾经令人尊敬的八十岁的老人,正在"文化大革命"中忍受着生不如死的煎熬。

翁文灏去世以后,根据周恩来的指示,他的骨灰"可以安放在八宝山革命公墓内"[①]。但家属不同意这样做,他们最终选择了北京万安公墓。

---

① 《翁文灏年谱》,第401页。

中国第一支小提琴曲的作者李四光

　　提起李四光,大家都知道他是一位著名的地质学家,然而很少人能想到,他还是个音乐爱好者,并且写下了中国有史以来的第一支小提琴曲。

　　李四光(1889—1971)出生于湖北黄冈一个私塾教师家庭。他排行老二,取名仲揆。由于家庭教育严格,所以他从小就功课很好。1902 年,他才十四岁(其实是十三岁生日刚过),便独自一人去省城投考新式学堂。领取报名表后,也许是有些激动,他竟把姓名栏当成"年龄"栏,填入"十四"二字。好在他及时发现错误,遂在"十"字下面加了"八子",成为"李四"。然而李四这名字又太俗,他见大厅中央挂着一块"光被四表"的匾额,又急中生智,在"李四"后面填了个"光"字。这件小事也可以看出他多么机灵。

　　入学后的第二年,李四光因成绩优异,被破格送往日本留学。在日本,他结识宋教仁,加入同盟会,成为该会首批会员中年龄最小的一个。1907 年,十八岁的李四光考入大阪高等工业学校,学习船用机械,决心走实业救国之路。1910 年他学成回国,入湖北中等工业学堂任教。第二年,李四光赴京参加考试,获工科进士功名。这时辛亥革命突然爆发,他返回武昌,被湖北军政府委以理财部参议。南京临时政府成立后,他被推选为湖北军政府实业部长。1913 年,李四光因参加革命有功,被临时稽勋局送往英国留学,入伯明翰大学采矿系深造。

李四光学的虽然是工科,却对文学、音乐很感兴趣。1915年,他由采矿系转入地质系,与威尔士教授来往密切。据《李四光年谱》说,当时"李四光喜欢音乐,课余时学会了拉小提琴。有时间就去威尔士教师家即兴演奏,很得他们一家的欣赏"。可见在学习小提琴方面,威尔士先生对他影响很大。

李四光于1918年在伯明翰大学获得硕士学位后,到英国东部一座著名的锡矿山工作。1919年11月,他应中国留法勤工俭学同学会的邀请,前往巴黎做关于工业繁荣与能源开发的学术报告。也许是想表达点什么吧,他在随身携带的一张五线谱稿纸上,写了几句乐曲,共5行19小节,并将自己的英文名(J.S.Lee)和创作时间(22日)、地点(巴黎)写在上面。第二年1月,李四光又在这张五线谱的背面,以"行路难"为题,写了一首完整的小提琴曲。与此同时,他还在稿纸的右上角署有"仲揆"二字,在曲谱的右边,写下"千九百二十年正月作于巴黎"等字样。

乐曲写好后,李四光请好友萧友梅指正,因此曲谱一直保存在萧氏手中。萧的经历与李相似。他于1901年至1909年在日本留学,是早期同盟会会员。辛亥革命后,萧担任南京临时政府秘书,因革命有功,被送到德国攻读音乐和哲学。萧于1920年学成回国后,一直从事教育工作,曾创办上海国立音乐学院(上海音乐学院前身),是我国著名的音乐教育家。李四光也是在1920年应北大校长蔡元培的邀请,经德国、波兰和苏俄回国的,他的手稿很可能在那时就到了萧氏手中。

李四光回国时已经年过而立,但终身大事尚未解决,这当然使亲朋好友为他着急。不久,北大化学系教授丁绪贤的夫人介绍他与北京女师大附中的音乐教师许淑彬相识。许女士出身于外交官家庭,爱好音乐,英语、法语俱佳,还弹得一手好钢琴。二人相恋两年,许家兄长反对,但他们还是结为伉俪。婚礼上两位新人一个拉琴,一个弹琴,夫唱妇随,曾被传为佳话。

李四光的这份手稿,被萧友梅珍藏多年,几乎无人知晓。直到1990年萧先生的侄女萧淑娴在一篇文章中提起,人们才知道还有这件事。后来,经音乐史专家陈聆群查找,才在上海音乐学院保存的萧氏遗物中发现。当时萧淑娴女士还健在,经她证实,这确实就是李四光先生所写的那个曲谱。现在,这份手稿已经被上海音乐学院图书馆收藏。

关于这首小提琴曲的价值,陈聆群教授介绍说,该曲"在浪漫派风格的音乐中,寄寓着这位地质学家对人生的感怀。尽管以作曲技法而论,尚属稚拙,但无论如何它已是有头有尾、像模像样的一首小提琴曲,而且是目前所见有曲谱为证的中国人写作的最早一首小提琴曲,其历史价值是不言而喻的"。至于它的意义,上海音乐学院陈钢教授的话可谓一语中的。他说:"最可贵的是乐曲立意深邃,行路难,这真是中国知识分子苦难历程的一个大概括。"

气象篇

Science

大学校长竺可桢

引言

毛泽东让他把天管起来，他说"天有不测风云……"

2014 年是著名气象学家竺可桢(1890—1974)先生逝世三十周年。他一生的贡献主要有两个：一在科学领域，二在教育方面。关于前者，由于知识有限，我不敢妄加评论；但是对下面的传闻却印象很深。

早在 1964 年，他写了一篇论文，通过分析阳光、温度、降雨对粮食的影响，提出了发展农业的许多设想。毛泽东看到后非常重视，专门把竺可桢请到中南海，对他说："你的文章写得好啊！我们有个农业八字宪法(土、肥、水、种、密、保、工、管)，只管地。你的文章管了天，弥补了八字宪法的不足。"竺可桢答道："天有不测风云，不大好管呢！"但毛泽东却说："我们两个人分工合作，就把天地都管起来了！"①

第二天，远在广州的国家科委主任聂荣臻专门打来电话，向竺可桢了解毛泽东谈话的重点，以便在科技工作中贯彻。中国科学院副院长裴丽生更是详细了解这次谈话的经过，并在党

① 人民网：《中共党史上的 80 位人物》第 50 条，转引自《北京青年报》，
   2001 年 7 月 2 日。

组内做了传达①。

"天有不测风云，人有旦夕祸福。"没想到几年以后，这位"管天的人"也未能在"文革"中幸免于难。

（一）蒋介石让他把浙江大学管起来，他提出三个条件

竺可桢字藕舫，浙江上虞人。他1910年考取清华第二期庚款留美生，与胡适、赵元任等人赴美留学。在美国，他与任鸿隽等人创立中国科学社，并获得哈佛大学博士学位。回国后，他先后在武昌高等师范学校（武汉大学前身）、南京高等师范学校（东南大学前身）、南开大学任教，后来担任中央研究院气象研究所所长，是我国现代气象学和地理学的主要奠基人。

1936年年初，浙江大学受"一二·九"运动影响，掀起驱逐校长郭任远的风潮，据说当年在该校读书的地下党员胡乔木，是这次学潮的组织者之一。②郭是广东人，早年留学美国，在行为主义心理学研究上颇有成就。他被迫辞职后，陈布雷向蒋介石推荐竺可桢。蒋认可后，委托行政院秘书长、著名地质学家翁文灏去做工作。竺可桢向中央研究院院长蔡元培征求意见，蔡认为能不去最好，"但蒋处不能不去，婉言辞之可也"③。

2月21日，蒋介石在孔祥熙寓所约见竺可桢，竺推说要与蔡先生商量才能决定。他如此推托，除了怕影响研究工作外，还有三个顾虑：一是"不善侍候部长、委员长等，且不屑为之"；

① 《竺可桢》编辑组编：《竺可桢传》，科学出版社，1990年，第197页。
② 《浙江大学简史》，浙江大学出版社，1996年，第34页。
③ 《竺可桢日记》第1册，人民出版社，1984年，第14页。

二是时局不宁,战争有一触即发之势;三是即便答应下来,短时间内难见成效。事后,经翁文灏、陈布雷等人反复劝说,他才提出如果能满足三个条件,可以考虑。这三个条件是:"财政须源源接济;用人校长有全权,不受政党之干涉;而时间以半年为限。"①其中第二条是教育独立的重要前提,他敢于向当局提这样的条件,令世人玩味,也让后人惭愧。

这件事不知是否与竺可桢的一篇文章有关。文章的标题为《常识之重要》,是他在参加南京高等师范学校二十周年校庆时的演讲记录,后来刊登在《国风月刊》第 8 卷第 1 期(1936 年 1 月 1 日)上。文章说:"大学教育之目的,在于养成一国之领导人材,一方提倡人格教育,一方研讨专门智识,而尤重于锻炼人之思想,使之正大精确,独立不阿,遇事不为习俗所囿,不崇拜偶像,不盲从潮流,惟其能运用一己之思想,此所以曾受真正大学教育之富于常识也。"竺可桢还说,"科学并不神秘,不过是有组织的常识而已;如今国事纷扰,亡国之祸迫在眉睫,完全是政府和人民缺乏常识造成的"②。事实证明,竺可桢就是抱着这样一种理念走马上任的。

(二) 还未上任,就把"教授治校"当作主要目标

经过一番准备,竺可桢于 1936 年 4 月 25 日正式来到浙江大学。完成交接手续后,他先与教职员工座谈,然后到体育馆与学生见面并发表讲话。他说:"一个学校实施教育的要素,最

---

① 《竺可桢日记》第 1 册,第 17—18 页。
② 《竺可桢全集》第 2 卷,上海科技教育出版社,2004 年,第 244 页。

重要的不外乎教授的人选、图书仪器等设备和校舍建筑。这三者之中，教授人才的充实，最为重要。"为什么这样说呢？因为"教授是大学的灵魂，一个大学学风的优劣，全视教授人选为转移。假使大学里有许多教授，以研究学问为毕生事业，以教育后进为无上职责，自然会养成良好的学风，不断的培植出来博学敦行的学者"①。

在竺可桢看来，所谓教授并不是一个头衔、一个职称、一种待遇，也不是一种向上爬的阶梯；教授是一群"以研究学问为毕生事业，以教育后进为无上职责"的人们。拿这个标准来衡量，可以看出如今的教授差距何在，现在的学风为什么败坏。

为了充实教授队伍，竺可桢多次拜访邵裴之、马一浮等学界前辈，聘请胡刚复、梅光迪、张荫麟、王淦昌、王琎、卢守耕、周承佑等三十多位著名学者前来任教，启用一批深孚众望的学者担任院长、系主任等职务。他这样做，完全是为了实现"教授治校"的目标。这一点，从他的日记可以看出。

竺可桢出任浙江大学校长已成定局后，该校工学院院长朱一成前来拜访。交谈中竺可桢表示他一贯主张教授治校，但是朱一成却不以为然。竺坚持说："余以为此乃一种目标，第一步在首先觅得一群志同道合之教授也。"②可见竺可桢的上述讲话，也是在为这个目标做铺垫。至于朱一成，著名科学家吴有训对竺可桢说："此人不走，'必贻后患'。"竺还听说，朱某人只领薪水却不上课，因此他决定"彻查此事"③。

---

① 《竺可桢全集》第 2 卷，第 334 页。
② 《竺可桢日记》第 1 册，第 26 页。
③ 《竺可桢日记》第 1 册，第 29 页。

如果说教授应该以研究学问为毕生事业,以教书育人为无上职责的话,那么学生又应该如何努力呢?在这次讲话中,竺可桢对大学生的人格培养提出具体要求。他说:"我们受高等教育的人,必须有明辨是非,静观得失,缜密思虑,不肯盲从的习惯。"有了这种习惯,才不会害己累人,才能不负所学。①

但是,如何才能养成这种习惯呢?竺可桢说:大学教育的目的,应该让学生掌握学习的方法,开辟求知的途径,并通过研究学问来培养他们的反省意识和批判精神。只有这样,大学生才有能力对社会和自然进行精细的观察、慎重的考量,才不会被传统观念束缚,不会被少数人利用。但是,如今的大学却往往以传授知识为主,使学生丧失了独立思考的能力。正因为如此,他认为"半年来的学生运动,固然热情可佩(少数另有作用者是另一问题),但其方式之无当,实为可怜"。讲话结束时,他满怀期望地说:大家既然接受了高等教育,就不应该盲从;只有独立思考,才能应付艰难危险的环境。只要能做到这一点,"十年廿年以后的诸君,都可成为社会的中坚分子,而中国今后正是最需要头脑清楚善用思想的人物"。②

(三)在就职典礼上,严厉批评只"教"不"训"的教育制度

1936年5月18日,已经上任的竺可桢补行就职典礼。典礼于上午10点半开始,先是新校长宣誓,其中有"决不妄费一钱,妄用一人,并决不营私舞弊,及接受贿赂"等内容。接着是

---

① 《竺可桢全集》第2卷,第337页。
② 同上,第338页。

监誓员蒋梦麟致辞和来宾讲话,最后是新校长致答词。

在答词中,竺可桢首先根据浙江的历史对大家说,在此国难当头之际,我们应该学习越王勾践"十年生聚、十年教训"的经验,既要"教",又要"训"。但是现行的教育制度却只重"教"而不重"训",许多教师上完课以后就再也不和学生见面了。这种只注重知识传授不重视人格熏陶的"教"而不"训"的教育制度,应该尽快改变。

紧接着他指出,如今的大学即使在"教"的方面也有很多问题。

第一,重视学分,忽视了导师。学分制的弊病在于教师与学生很少接触,学生只要读满学分就可以毕业。但是导师制却为学生接受教授的熏陶提供了保证,这对学生人格的形成非常重要。

第二,重视就业,忽视了学业。他说,大学生毕业即失业,与学校闭门造车有关。要解决这个问题,不但要改进大学管理,还要明确大学培养的目标。他引用美国著名学者罗威尔的话说:"大学的目的,不在乎使大学生能赚得面包,而在乎使他吃起面包来滋味能够特别好。"基于这个道理,他强调大学是培养领袖人才的地方,大学生学成后不仅要自己有饭吃,还要让大家有饭吃。说到这里他解释道,"大家有饭吃"与"有饭大家吃"不一样,前者是生产教育制度,后者是分赃制度。由此可见,如果大学生只重视就业而忽视学业,就很可能堕落为"分赃制度"中的一员。

强调独立思考,注重人格修养,培养领袖人才,是竺可桢一以贯之的教育理念。全面抗战开始后,竺可桢率领浙大师生到天目山禅源寺避难。刚到这里,正好是星期日,他看到师生们一群一伙地外出散步,感到这里真是实行"导师制之理想地点"。[1] 第二天,他对一年级新生发表谈话时说:自废科举办学校以来,我国教育在设备和师资方面,不能不算有进步,但是有个最大缺点,就是学校并没有照顾到学生品格的修养。这样一来,教师就把传授知识当作唯一任务,有的甚至"以授课为营业"。为了纠正这种倾向,浙大在全国率先实行了导师制。他还说,如今,我们虽然被迫离开校园,但是全校师生能在这里"融融一堂,通力合作",却是可喜的事情。他还告诉大家,国家每年给你们花很多钱,为的是培养社会的栋梁、时代的砥柱,而不是让你们仅仅学习一点技术,为自己谋生找出路。这些话至今仍有深刻的警世作用。

(四)为了让学生具有清醒的头脑,他主张实行通才教育

现代社会的分工越来越细,专业设置也越来越多,因此大学究竟是重视理论还是重视实用,是培养专才还是培养通才,就成了现代教育制度面临的主要问题。浙江大学由求是学堂、浙江中等工业学堂和中等农业学堂演变而来,对实用技术教育非常重视;再加上无论是大清王朝、北洋政府还是国民政府,都把实用技术教育放在首位,因此要想改变这一传统,非常困难。然而竺可桢知道,如果仅仅是学习一种专业,掌握一门技术,就不会拥有清醒的头脑,也不会融会贯通,最后的结果是难成大

① 《竺可桢日记》第 1 册,第 157 页。

器！因此他上任伊始，就把推行通才教育放在首要位置。

1936年5月9日，竺可桢主持第一次校务会议时就提出要设立中国文学系、史地系和一年级不分系等议案。最后一项议案虽然讨论最久，但最终还是成立以郑晓沧、胡刚复、苏步青等人为首的公共科目分配委员会，将通才教育列入重要议事日程。后来苏步青担任复旦大学校长时还说："如果允许复旦大学单独招生，我的意见是第一堂先考语文，考后就判卷子。不合格的，以下的功课就不考了。语文你都不行，别的是学不通的。"①作为数学家，他能够说这样的话，显然与竺可桢当年的主张有关。

1936年9月，是竺可桢上任后的第一个新学年，也是他的母校哈佛大学建校三百周年纪念。17日晚上，他在哈佛大学同学会上发言说，哈佛大学的办学方针可以概括为两点：一是主张思想自由，反对政党和教会干涉；二是学校的课程应该更重视理论，而不是只注重实用。他强调，这两点主张与英国大学基本一致，但是德国、意大利、苏联却与此大相径庭。②

第二天，他在新建成的教学楼出席新生谈话会，进一步阐述了这一思想。他告诉大家：大学生是人生最快活的时期，没有经济负担，也没有谋生的问题，因此大家除了诚实做人、勤恳求学之外，最要紧的是要有一个清醒的头脑，这比单纯掌握一门实用技术更重要。他甚至说："我们国家到这步田地，完全靠

①　盛巽昌、朱守芬：《学林散叶》，上海人民出版社，1997年，第250页。
②　《竺可桢全集》第2卷，第371页。

头脑清醒的人才有救。"①

抗日战争中,竺可桢带领浙江大学师生经江西、广西最后到达遵义,途中他的夫人张侠魂因病去世,其艰难困苦可想而知。尽管如此,他始终以通才教育为主,把浙大办成了具有国际影响的一流大学。正因为如此,当时来访的李约瑟博士才把浙江大学誉为"东方的剑桥"。

抗日战争胜利后,竺可桢注意到美国教育界在反思战争教训的基础上,重新认识通才教育的意义。他读了著名教育家纽曼《论大学教育范围与性质》后感受很深,立刻为《大公报》撰写《我国大学教育之前途》一文,再次提出通才教育等问题,希望纠正多年来形成的重理轻文、重技术轻理论以及在学生中弥漫的"谋生不谋道"的坏风气。② 不久,据说他从费正清夫人费慰梅那里得到哈佛大学关于通才教育的报告,其中讲到通才教育的目的,在于使民主国家的国民能够对选举和择业有清醒的认识,通才教育虽然"不能使人成为良医、大律师,但能使人与医师、律师接谈以后,知其良莠"。③ 这就进一步加固了他坚持通才教育的信念。第二年 10 月,他参加中央研究院二届三次评议会时,听到陈立夫感叹科学研究的困境,认为这是"自食其果",与他"当教育部长时,竭力提倡实科"④有关。

---

① 《竺可桢全集》第 2 卷,第 371 页。
② 同上,第 640 页。
③ 《竺可桢日记》第 2 册,第 888 页。
④ 同上,第 975 页。

（五）尾声：奋斗十三年，黯然离去

前面说过，当初竺可桢上任时提出只干半年，没想到却整整干了十三年。需要特别指出的是，这十三年包括艰苦卓绝的十四年抗战，而这八年又是浙江大学历史上收获最大、成果最多的时候。浙大百年校庆时，苏步青回顾这段历史，曾经颇为感慨地说："当年师生们住古庙破祠，吃红薯干，点桐油灯，百结鹑衣。但为爱国而教，为救国而学，弦歌不绝，其精神、气节，远远超过'贤者回也'！古人云：'多难兴邦'。多难不仅兴邦，多难也兴学育才。"①这不但是对浙大师生的赞扬，也是对竺可桢校长的肯定。不幸的是，抗日战争结束后，浙江大学却因为内战和学潮陷入不可收拾的混乱局面。到了 1949 年 4 月底，竺可桢不得不独自一人悄悄出走，离开这所奋斗十三年的学校……

苏步青还回忆说，又过了几年，浙江大学在院系调整中被"一分为四"，使这所"名驰海内外"的学校"顿失光彩"，他自己和数学系也被"请出去了"。② 正因为如此，他说竺可桢"与蔡元培先生一样，是我国近代教育史上伟大的校长"③，真是恰如其分。

---

① 苏步青：《数与诗的交融》，百花文艺出版社，2000 年，第 121—122 页。
② 同上，第 123—124 页。
③ 同上，第 203 页。

医学篇

Science

"万婴之母"林巧稚

　　陕西省富平县妇产科医生拐卖婴儿案,简直是骇人听闻。善良的人们怎么也不会想到,这位"白衣天使"居然是拐卖婴儿的黑手!而且,许多被坑害的人还是她的同乡、同学或朋友。因此人们不禁要问,究竟是什么原因导致这种悲剧的发生。

　　为了澄清产科医生的职责和义务,我想起了同样是妇产科医生的林巧稚(1901—1983)。

　　林巧稚1901年出生于福建省思明县(今厦门市思明区)鼓浪屿的一个教师家庭。在她六岁的时候,母亲因患宫颈癌去世,不知道这是不是她选择妇科的主要原因。学医之前,她曾经报考师范学校,并有短暂的从教经历。1921年,她考入北京协和医学院,成为该校招收的第一名女学生。

　　据说考试当天,有一位女生因天气太热而晕倒在地,林巧稚因为对她施行抢救,影响了自己的考试成绩。学校得知此事以后,认为这一行动完全符合协和所倡导的"爱病人胜过爱自己"的精神,所以破格录取了她。

　　这一年9月中旬,经过多年筹备的协和医学院"开幕典礼"在位于北京东单附近的豫王府举行。为此,胡适在9月19日的日记说:下午"三时,到协和医学校,代表北大,参与正式开幕典礼。是日典礼极严肃。颇似欧美大学行毕业式时。是日着学位制服参加列队者,约有一百余人,大多数皆博士服,欧洲各大学之博士服更浓丽壮观。自有北京以来,不曾有这样一个庄严仪式"①。从胡适日记中还可以看到,参加典礼并讲话的中方客人有大总统徐世昌、外交总长颜惠庆、内务总长齐耀珊、代理教育总长马邻翼等政要。由此可见这件事在北京的影响有多大。

协和医学院是美国洛克菲勒慈善基金会长期资助的一个项目。据美国《时代周刊》介绍:"从1913年至1923年开始的十年内,洛克菲勒基金会花费了近八千万美元,其中,超过一半的钱用于公共卫生和医学教育。而'最大的单笔礼物是给了北京协和医学院',截至那时,用于协和共计一千万美元,比用于约翰·霍普金斯的七百万美元还多得多。据1956年统计,实际上,加上后来的投入,基金会为打造北京协和医院总计投入四千八百万美元。"②约翰·霍普金斯大学是美国一所著名的研究型私立大学。该校在医学、公共卫生、科学研究、国际关系和艺术等领域的成就闻名全世界。从上面数据可以看出,洛克菲勒基金会对中国的投资兴趣超过美国。

按照当时风俗,林巧稚报考协和医学院时已经是"大龄青年"了。家里人听说医科的学习时间要长达八年之久,便非常担心她的婚嫁问题。但是林巧稚却说:"如果嫁不出去,那我就一辈子也不嫁!"

事实上,协和医学院在这方面也有严格的几乎是不近情理

---

① 《胡适日记全编》第3册,安徽教育出版社2001年版,第471页。
② 讴歌编译:《协和医事》,生活·读书·新知三联书店,2007年,第12—13页。

的规定。八年以后,当林巧稚以优异的成绩毕业时,她从院长手里接过了留院任职的聘书。聘书上写道:"兹聘请林巧稚女士任协和医院妇产科助理住院医师……聘任期间凡因结婚、怀孕、生育者,作自动解除聘约论。"之所以如此,是因为协和的管理者坚信,一个女人是不可能同时扮演贤妻良母和职业女性两种角色。于是从这一刻起,林巧稚便开始履行她"一辈子不嫁"的承诺,或者说她是"嫁"给了自己热爱的妇幼保健事业。与此同时,她还成为协和医学院首届文海奖获得者。"文海奖"是由该校一位外籍医生捐助设立的,其目的是奖励每年最优秀的一位毕业生。文海奖的奖金为四百美元,相当于一位助理医生一年的工资。

林巧稚的职业生涯开始后,她每接生一个婴儿,都要在出生证上签上英文:"Lin Qiaozhi's Baby"("林巧稚的孩子")。据说经她亲手接生的婴儿有五万名以上,因此她获得"万婴之母"的美誉。

1949 年以后,协和医学院被"收归国有",林巧稚也在一次次政治运动中成了"重点改造对象"。当时工作组派她的学生给她讲形势、谈理论,劝导她"揭发美国人的文化侵略",但是林巧稚却怎么也想不通。她说:"美国人办医院是为了帮助我们培养人才,我的医术是人家教的……"后来北京市副市长吴晗亲自为林巧稚写了一百多页的学习体会和思想小结,让她在大会上代表教授们发言,然而林巧稚并没有采用他的稿子,而是用自己的话谈了从医从教三十年的经历。作家曹禺以她为原型写了一部戏叫《明朗的明天》,她看了以后什么话也没说。后来有人动员她入党,她找机会向周恩来表示:一个诚实的人不能欺骗组织,也不能欺骗自己。我是虔诚的基督徒,入党恐怕不合适。

经历了"文革"的折磨之后,林巧稚于 1983 年因病去世,终年八十二岁。临终前她立下遗嘱:将毕生积蓄的三万块钱捐给医院托儿所,将骨灰撒在鼓浪屿周边的大海中。

林可胜对中国红十字会的贡献

(一) 家庭出身

林可胜(1897—1969)出生于一个华侨家庭,他的父亲林文庆是一位传奇人物。

第一,他早年留学英国,毕业后返回新加坡行医。因为医术高明,清朝驻新加坡总领事黄遵宪曾经送他一块匾额,称赞他有"洞见绝症,手到春回"的本领。

第二,行医之余,他还创办报纸杂志,希望能唤起海外华侨对政治时事和科学文化的兴趣。

第三,他热衷于教育事业,早年在新加坡倡导女子教育,后来应陈嘉庚的邀请,于1921年回国担任厦门大学校长,直至1936年离任。在此期间,他聘请林语堂、顾颉刚、沈兼士、孙伏园、鲁迅等人来厦大任教,有人说这等于把半个北大搬到了厦门。

第四,他因为在马来亚开办了第一个橡胶园,被陈嘉庚誉为"马来亚树胶之父"。此外,他在金融、保险和市政等诸多领域均有贡献。

需要强调的是,第一次世界大战期间,他曾积极为英国红十字会筹款,并于1918年获得不列颠帝国勋章。

林可胜是林文庆的长子,他的母亲黄端群是清末民初著名革命家黄乃裳的女儿,姨父伍连德是中国检疫防疫事业的先驱者。1910 年东北鼠疫大流行,伍连德以全权总医官的身份深入疫区领导防治,取得明显成效。随后,伍连德参与发起中华医学会,创办《中华医学杂志》,并担任总编辑职务。

(二) 个人经历

因为出生在这样一个家庭,林可胜从小就被送往英国读书,中学毕业后考入父亲的母校爱丁堡大学专攻医学。1914年毕业时恰逢第一次世界大战爆发,林可胜应征入伍,被分配到军医院担任外科助理,经常参加战地救护工作。大战结束后,他于 1919 年以优异的成绩获得内科和外科学士学位,并留校担任讲师。随后,他又获得科学博士和哲学博士学位。

1925 年秋,林可胜返回祖国,担任协和医学院教授兼系主任。有一本名为《协和医事》的书对他是这样介绍的:

> 生理学系的林可胜教授,是协和医学院的一道独特的风景。这位出生在新加坡、早期在英国接受教育的华人,是协和医学院的第一位当上系主任的华人教授,他创立的《中国生理学杂志》质量之高,令当时在澳大利亚的英国神经生理学家……翘首以盼。[①]

书中还说:"这位林可胜教授,风度优雅,据说在讲课时,也

---

① 讴歌编著:《协和医事》,生活·读书·新知三联书店,2007 年,第53—54 页。

可以用双手在黑板上画图。他最早引起他未来妻子的注意,就是给她画像。"①随后,他被选为中华医学会会长,并在 1933 年组织领导了长城抗战的救护工作。

全面抗战开始后,协和医院因为自身的原因采取中立态度,但是林可胜不愿意这样。于是他向院方请了一年长假,把妻儿送回南洋,孤身一人投入到战争救护。

当时的中国既没有自己的军医院,又没有像样的医疗器械和救护体系。在这种情况下,中国红十字会起了非常重要的作用。

(三) 红会前史

中国的红十字运动肇始于 19 世纪 80 年代,最初出现在台湾,后来扩展到上海、东北一带。一开始,由于社会制度和传统思想的影响,整个中国对于红十字会救死扶伤的人道主义理念非常陌生。正因为如此,甲午战争期间,国人们看到日本"赤十字会"的医生在战火中救治双方伤员时,都觉得不可思议。这种落后观念曾经引米国际社会的嘲笑。

1898 年,一位名叫孙淦的旅日侨商通过中国大使上书总理衙门,要求清政府顺应世界潮流,成立中国红十字会。第二年,中国驻俄公使杨儒也向清廷提出建议,希望能够仿照日本章程,在中国成立红十字会。1904 年,中国驻美国公使梁诚再次上奏朝廷,从国内外形势和如何筹措经费等方面阐述了成立

---

① 《协和医事》,第 105 页。

红会之必要。紧接着,御史夏敦复也提出类似意见。

就在这时,《申报》也先后刊登《创兴红十字会说》《红十字会历史节译》《红十字会说》《中国亟宜创兴红十字会说》等文章。这些文章不仅详细介绍了红十字会的历史、性质、宗旨和任务,还把是否成立红十字会提高到文明与野蛮的高度。至此,朝野上下在成立中国红十字会的问题上已经形成共识。

1904年日俄战争爆发后,清政府以严守中立为名不敢救助难民,从而激起了公众的义愤。在这种情况下,上海官绅沈敦和联合各界人士成立了"东三省红十字普济善会",专门救济战争难民。不久,他又发起成立上海万国红十字会。该会以各省善堂为基础,由中、英、法、德、美等五个国家的慈善人士组成。有关资料显示,上海万国红十字会通过收容、遣送、治疗、赈济等手段,共救助难民"467000余人,全部募捐收入银641900两,支出银597400两,余下银44500两,招商局及电报局捐送运费、电报费计银5000两,又洋60余万元尚未计算在内"①。这说明中国红十字会在起步阶段就奉行了严格的账目公开制度。

对于万国红十字会的成立,沈敦复及其同仁们认为:"溯自中外通商以来,万国一心,踊跃奔赴,能与我华合办大善事者,在上海当推此为第一伟举。"②对于这种评价,社会上并无异议。

---

① 戴斌武:《抗战时期中国红十字会救护总队研究》,天津古籍出版社,2012年,第40页。

② 同上。

然而这毕竟是一个"万国"组织,好像与我中华帝国关系不大。因此在战争结束以后,成立中国红十字会的呼声开始高涨,有人甚至把是否成立中国红十字会的问题提升到国家耻辱和民族危亡的高度。

(四) 红会成立

这种情况引起当局的重视。1907 年,吕海寰和盛宣怀向朝廷提出成立中国红十字会的建议,希望仿照日本模式筹办。两年后,他们拟定《中国红十字会试办章程》再次上奏朝廷,终于打动了慈禧太后。第二年年初,清廷将他们的奏折交给军咨处核议。核议的结果是除了委任盛宣怀为中国红十字会会长之外,其他条款均被否决。

有意思的是,盛宣怀对"中国红十字会"这个名称并不满意,于是他在中国红十字会的关防大印上把"中国"改为"大清"二字。

盛氏的独断专行引起人们的不满,其中反应最强烈的是前面提到的沈敦和,他认为大清红会归陆军部(军咨处是该部下属机构)筹办,与国际红十字会纯属民间团体的宗旨不符,同时这样做对筹款也极为不利。与此同时,包括贝勒、福晋在内的"官二代"们却蠢蠢欲动,他们纷纷表示要做"善事"。所幸这时的大清王朝气数已尽,没过多久就爆发了辛亥革命。

民国成立以后,中国红十字会于 1912 年 9 月底在上海召开第一次全国代表大会。大会选举了第一届领导集体,通过了红会章程,并化解了京沪两地的矛盾。一个月以后,中国红十字会统一大会在上海召开。这次大会首先明确了中国红十字会纯属民间团体的基本性质,并解决了领导多头、管理混乱等问题,从而使中国红会步入稳步发展的轨道。

(五) 战地救护

1933 年南京国民政府颁布了《中华民国红十字会管理条例》,该条例规定中国红十字会归内政部主管,受军政、海军、外交各部监督。同年 10 月,中国红十字会根据这一条例进行改组,更名为中华民国红十字会。全面抗战开始前,该会又改由卫生署主管,并以战时救护为第一任务。

全面抗战开始后,因为中国既没有自己的军医院,又没有像样的医疗器械和救护体系,所以中国红十字会采取了大量设立伤兵医院的救护策略。但是随着战线的拉长和战争的扩大,这种策略无法应付日益严重的伤亡局面,于是该会做出了"组织各种医疗救护队,配置切合实行之器械药料,分路前往战区"的决定。[①]

这一决定与林可胜根据个人经验总结出来的战地救护理念不谋而合。于是在国民政府卫生署的协调下,中国红十字会任命林可胜为该会临时救护委员会代理总干事兼救护总队长,全面负责战地救护工作。

救护总队是个高度专业化的组织。它有三大优势:第一,

---

① 《抗战时期中国红十字会救护总队研究》,第 114 页。

它的成员大多是国内外名牌大学毕业生,有些还是知名专家学者,所以业务水平很高;第二,它是红十字会的下属机构,所以能得到海内外的大力资助;第三,它拥有两百多辆汽车,能迅速有效地完成救护任务。

林可胜上任后,仅仅在最初的半年时间里,就"训练了一千四百余名医务工作者,给三十二名外科医生、一百六十余名内科医生上了专业课,……还在军队中组织了流动救护车和担架"。[①]

1938年长沙大火后,大批伤病员患上了皮肤病。林可胜把汽油桶改装成锅炉,设立了相应的救护站,为受伤官兵解决了燃眉之急。1940年夏,林可胜又深入到各战区考察军医设施。当时有许多地区不通公路,全靠步行。在盛夏烈日下,他时常光着上身,头包白布,走在前头。每天午饭后,他就在村庄的长凳上躺着歇息。为了始终保持充沛的精力,他养成了该睡就睡、要醒即醒的习惯。

救护总队抵达贵阳后,林可胜针对水质不良会导致传染病与肠胃病爆发的情况,拟定了一个"水与污物管制计划"。该计划先在长沙前线试行,后来推广到各个战区,从而减少传染病的发生。这对改善广大官兵与民众的健康状况、增强部队的战斗力,起到了非常积极的作用。

(六) 医护政策

林可胜还认为,部队驻扎乡村,不仅要把本身的环境卫生

---

① 《协和医事》,第 205 页。

搞好,还应该改善乡村的卫生面貌。将来抗战胜利,大批士兵复员回到家乡以后,就可以把农村的环境卫生搞好。这一颇有远见的计划,也体现了他的专业精神和爱国热诚。

另外,林可胜还与国民政府卫生署署长刘瑞恒提出了"战时三合一政策"。刘曾任协和医学院院长,是林的老上司。这个政策的要点是:为了抗战的需要,应该将军医署、卫生署和红十字会整合在一起共赴国难。但是作为民间组织,中国红十字会并不愿意纳入政府的管理体制。于是就出现这样一种不大正常的局面:"虽然林可胜终于获得总会承认并予以任命,但终其在红十字会服务期间,总会对他始终怀有疑虑。"①

对于红十字会的疑虑,林可胜似乎并不介意。为了实现"战时三合一政策",他曾经直接上书蒋介石陈述自己的意见。这也犯了红十字会的大忌。此外,他因为派人派车向延安运送物资,所以被贴上了"有亲共倾向"的标签。这样一来,他就成为两头都不喜欢的人:红十字会觉得他是政府方面的人,政府又觉得他与延安关系密切。

1942年,林可胜随远征军到了缅甸,担任史迪威将军的医药总监,并多次受到政府嘉奖。这一年的美国《时代》周刊有一篇文章谈到中国的救护医学,其中提到两个名字,一个是白求恩,一个是林可胜。白求恩因为毛泽东的一篇文章而家而喻户晓、妇孺皆知,但是林可胜却长期被人遗忘。

---

① 《抗战时期中国红十字会救护总队研究》,第227页。

（七）人生归宿

抗战胜利后,林可胜没有再回协和医学院,而是将各军医学校和战时救护人员训练所改组为国防医学院。此外,他还负责筹建中央研究院医学研究所和军医中心教育制度,为中国培养医学人才。

1948 年,他因为在医学方面的杰出贡献,当选为中央研究院院士。与此同时,蒋介石任命他为卫生部部长,但是他没有接受。

1949 年新中国成立前他到了美国,先后任伊利诺伊大学客座生理研究教授、克莱顿大学医学院生理学与药理学教授兼系主任。1952 年以后,他受聘于印第安纳州迈尔斯实验所负责生理、药理研究工作及医学科学研究指导,直到 1967 年退休。1969 年他因病在牙买加去世,终年七十二岁。

农学篇

Science

胡先骕与中正大学的命运

中国现代生物学的奠基人胡先骕(1894—1968),被誉为"植物分类学之父"。20 世纪 50 年代,毛泽东甚至说"他是中国生物学界的老祖宗"。但是长期以来,这位著名学者却被世人遗忘。为了恢复历史的记忆,长江文艺出版社最近推出《不该遗忘的胡先骕》。该书作者胡宗刚长期致力于生物学史与知识分子研究,因此在描述生物学家胡先骕方面,下了不少功夫,也有很大优势。相比之下,该书在介绍胡先骕担任中正大学校长时,却显得略微有点单薄。诚如胡宗刚先生所说,胡先骕不是一个困守书斋的专家,而是一位关心公共事务的知识分子。从 20 世纪 20 年代初到 40 年代末,他一直对教育问题非常关注,并发表过许多很有见地的文章。他出任中正大学的首任校长,这是一个重要因素。但由于多年来急功近利的教育早已造成一条很难逾越的专业鸿沟,再加上《胡先骕文存》的发行量太小(只有九百册),使今人对生物学家胡先骕的教育思想了解很少。因此,仔细梳理胡先骕的教育理念,可以为当前的教育改革提供某种借鉴;认真反思胡先骕与中正大学的命运,可以找到教育危机的根源所在。

(一) 毛泽东说"他是中国生物学界的老祖宗"

胡先骕(1894—1968)字步曾,江西永新人。他的曾祖父胡家玉,是道光年间的探花,担任过贵州学政、太常寺卿、都察院左都御史等职。胡先骕以"步曾"为字,是要步曾祖父的后尘,以便光耀门庭。

胡先骕开口很晚,到两岁才会说话,家里人曾以为他是哑巴。正因为如此,他记忆力很强,四岁左右就认识几千个字,并开始学《论语》和《诗经》。据说,胡先骕五六岁时,家里来了客人,曾在酒席上以"五龄小子"考他,他马上以"七岁神童"相对,满座为之惊讶。后来他父亲(一说祖父)去陕西做官,他与母亲到码头送行。临开船时,他呈上一张小方纸,上面画着乌云密布、水鸟低飞、小船逆水而行,旁边还有题诗:"连日风和雨,孤舟远远行。"船至汉江,他父亲恰好遇上画中情景,便续了两句:"可怜儿七岁,犹解宦游情。"1904 年,胡先骕在南昌府应童子试,文章写得很好,却因为在交卷时不慎滑倒,被泥水弄脏试卷,未被录取。当年的主考官沈曾植是胡家玉的部下,虽然对这孩子非常赏识,却也无能为力。考完后他去沈府拜师,看到家中到处是书,便暗下决心,一定要像老师那样学富五车,名扬四方。①

1909 年,胡先骕考入京师大学堂预科,因颇有诗名,被誉为"太学十君"之一。在此期间,他曾经随张之洞晋见慈禧太后,后来又参加了慈禧、光绪的葬礼。由于家庭出身和所受教育,胡先骕具有浓厚的忠君思想。辛亥革命后,他在母亲的熏陶和科学救国思潮的影响下,对植物学产生兴趣,并以此为终

---

① 《缅怀先翁胡先骕》,《国立中正大学》第 166—169 页,江西文史资料第五十辑;胡宗刚:《不该遗忘的胡先骕》,长江文艺出版社,2005 年,第 12—14 页。

生志业。

1912 年,他考取江西省赴美留学资格,于第二年进入加州柏克莱大学农学院。1915 年加入中国科学社,开始在《科学》发表文章。1916 年,他学成回国,先在北京法政专门学校担任英语教师,后来回到江西,担任庐山森林局副局长,开始从事专业工作。1918 年,受南京高等师范学校聘请,担任农科教授。1922 年该校扩充为东南大学后,胡先骕创立了中国第一个生物学系。据说他"讲课从不发讲义,只板书标题和少数科学名词,而着重要学生去多读植物学家的传记和旅行记"[①]。

1923 年胡先骕再度赴美留学,在哈佛大学完成《中国有花植物属志》,这是学术界首次对中国植物进行的全面整理。留学期间,他不仅研究植物分类学,而且受到西方公共知识分子的影响,开始关注政治、经济、文化、教育等问题。1925 年,他获得博士学位后回到南京,在东南大学和中国科学社生物研究所工作。

当时,中国第一代生物学家大多聚集在南京。为了把研究活动推向北方,大家决定在北京成立一个研究机构,胡先骕是其中最积极的倡导者。1928 年,北平静生生物调查所在中华教育文化基金董事会的资助下正式成立,著名农学家秉志担任所长,胡先骕担任植物部主任。由于秉志还要负责南京中国科学社生物所工作,无法两头兼顾,所以静生生物所所长很快就由胡先骕接任。

静生所主要任务是开展生物资源的调查和采集工作,并进

----

① 盛巽昌、朱守芬:《学林散叶》,上海人民出版社,1997 年,第 283 页。

行分类学研究。20世纪30年代,静生所在胡先骕领导下取得丰富的成果,胡也当选为中国植物学会会长,成为中国植物学界的领军人物。1935年中央研究院成立评议会,他当选为评议员。在此期间,他还创办了庐山植物园、云南农林植物研究所,积极开展植物调查活动。

　　全面抗战开始后,胡先骕认为自己是国际知名学者,日军不敢随便动他,便留在北平,准备潜心于科学研究。但由于他多次去重庆开会,招致日军怀疑,迫使他于1940年留在大后方。不久,国立中正大学在江西成立,他荣任该校首任校长,但是还没有等到第一届学生毕业,他却因为保护学生而黯然离去。1945年抗日战争胜利后,胡先骕重新主持静生生物所工作。他一方面为战后重建四处奔走,一方面发现了具有"活化石"之称的水杉。这一重大发现轰动了国际科学界。

　　这时国共两党之间重启内战,胡先骕因为不满意国民党当局,便希望把"不肯与腐化分子同流合污之智识阶级人士"组织起来,成立一个类似英国工党的政党,用合法斗争的手段,谋求中国的政治出路①。1948年9月,胡先骕等十二位教授联合署名的《社会党政纲》问世,公开发表时改为《中国的出路》。该文首先声明他们为什么要参与政治:"这个动乱的时代,整个世界都在不安中,人们有一种普遍的政治觉醒,就是,如果我们不参与政治,别人将要把与我们意志和良心相反的制度,强加到我们以及我们的子孙身上。"接下来在谈到政治与经济的关系时,

――――――――――

① 《不该遗忘的胡先骕》,第132页。

他们认为："人类的基本要求是生活的安全与自由,凡与此潮流相反的政治力量都绝不能长久存在。人类的进步理想,不仅是经济生活的安全,更需要心灵的平安与知识的自由。换句话说,人类经过数百年的奋斗争得了政治民主,现在应当以民主政治的方式,再进一步争取经济平等。但决不应为了经济平等而牺牲政治民主。因为没有政治民主,经济平等就失去了基础,如果政治是在少数人独裁之下,即使能有经济的平等,也是赐予式的,统治者随时可以改变可以收回这种赐予。"在这篇文章中,教授们一致表示："我们对民主制度(政治民主经济平等)的信念是坚定的。民主不仅是一种政治制度,而且是对于人生价值的一种信心,假如这种信心失掉了,人类也就不会有进步了。现在全世界的民主制度都在受着极权主义的威胁。……要民主宪政成功,至少须有二个以上像样的较大政党,然后人民始能有选择,政党始能彼此发挥监督砥砺的作用。"[1]这份纲领所表达的思想,应该是当时自由主义知识分子共同的心声。

但是,这份纲领问世不久,国内政局就发生急转直下的变化。胡先骕本想离开大陆,但因为舍不得这份事业,才留了下来。新中国成立后,静生生物所被纳入中国科学院系统,胡先骕也成为该院的一名研究人员。在 50 年代初思想改造运动中,他是重点对象,不断受到批判。有人指责他不愿意骂一声"蒋匪",是没有和蒋介石划清界线。他私下说："我不能骂蒋介石,骂了蒋介石,就等于变节。"[2]

1955 年,中国科学院成立学部,并选举学部委员,胡先骕

---

① 《不该遗忘的胡先骕》,第 135—136 页。
② 同上,第 159 页。

因为反对苏联生物学权威李森科的伪科学而落选。第二年4月,中共中央召开政治局扩大会议,讨论毛泽东的《论十大关系》。陆定一在发言中提到胡先骕还不是学部委员时,毛泽东一边说"那个人是很顽固的",一边又说"恐怕还是要给,他是中国生物学界的老祖宗"。① 尽管如此,他还是与学部委员无缘。

(二) 留美归来,慨叹教育危机

胡先骕从 1916 年留美归来到 1923 年再度留美,正好经历了"五四"新文化运动。由于思想认识上存在巨大分歧,他对陈独秀、胡适领导的新文化运动一直持批评态度。1922年年初,他与梅光迪、吴宓共同创办《学衡》杂志,成为中国文化保守主义者的一个阵地。一开始,他除了直接批评胡适的《尝试集》之外,还发表过一篇译文、一篇论文,这两篇文章都与教育问题有关。译文是哈佛大学著名教授白璧德的一个讲稿,题为《白璧德中西人文教育谈》②,发表于《学衡》第 3期。该文介绍了西方新人文主义的教育理念,也表达了胡先骕的文化取向。

随后,他又在《学衡》第 4 期发表《说今日教育之危机》③,正式提出自己对教育的看法和主张。该文开门见山:近年来

---

① 《不该遗忘的胡先骕》,第 166 页。
② 张大为等编:《胡先骕文存》上卷,江西高校出版社,1995 年,第72—81 页。
③ 同上,第 82—90 页。

中国教育的改革来自西方文化的压迫。改革之前,中国的旧式教育虽然不重视物质科学的研究和科学的方法,但是其中"人文主义之学问,如经学文学史学等",却不亚于欧洲中世纪的水平。不久前兴起的新文化运动虽然有普及教育、重视科学、促进民主等作用,但由于西方文化危机已经到来,如果我们放弃传统文化,只知道一味地学习西方,就只能是买椟还珠,前途"日趋黑暗"。这就是当前教育危机的症结所在。

紧接着,作者对教育的功能做了分析。他说教育的作用有两个:一是养成治事治学的能力,二是培养健全的人格,二者不可偏废。他认为西方教育虽然受功利主义的影响,但还有宗教补救;中国没有宗教,却有传统文化可以起到相应作用。洋务派所倡导的"中学为体,西学为用",就是以中学修身,以西学治事的意思。遗憾的是许多人把提倡传统文化当作抱残守缺,而一般青年又以为教育的唯一目的就是治学治事,于是他们往往把成为一个文学家、科学家、实业家、政治家或学问家当作自己的理想,至于正心修身的旧学功底,或者"以道义相砥砺圣贤相期许"的社会风尚,则被彻底抛弃。

在这里,胡先骕把养成健全人格当作教育的主要目的,是正确的。他提出,即便是专家学者未必是一个人格健全的人,这一观点也具有非常重要的现实意义。问题是,他对洋务派"中体西用"观的解释虽然也有道理,却没有指出其维护专制统治集团利益的本质特征,这恐怕与他家庭影响有关。另外,他把治学与修身对立起来也是有问题的。蔡元培等人一再告诫青年,读书不是为了当官,也不是为了找个好饭碗,而是为了研究学问,就是因为研究学问与人格修养是一致的,二者并不矛盾。

在这篇文章中,胡先骕把批判的矛头对准"五四"新文化运动。他认为欧美留学生回国后,拥有很大的知识优势和就业优势,因此他们既有广泛宣传西方功利主义资格,又有无情诋毁中国传统文化的能力。但由于他们既不重视传统文化,又不能对西方文化做深入研究,因此好一点的成为某一领域的专家,差一点的则成为赚钱的机器,或曰功利主义的奴隶。至于那些"自命为新文化之前锋者",也和这些人没有什么差别。他们求学时,唯一的愿望就是想在社会上争名夺利,因此本来没有什么修养,还喜欢标新立异。结果只能使西方偏激思想风靡全国,中国传统文化归于灭亡。因此,他们是当前教育危机的制造者,比西方功利主义的危害更大。与此同时,胡先骕还批评了刚刚传入中国的共产主义学说。在此基础上,胡先骕提出:欧美留学生既是教育危机的制造者,也是这一危机的解救者。他认为"今日中国社会之领袖,舍吾欧美留学生莫属",挽救中国教育的使命,必然落在他们的肩上。

从这篇文章中,可以看出胡先骕早年对教育的思考基本上是针对"五四"新文化运动的,其中虽然也有不少偏激的情绪,但也有许多合理的成分。

(三) 二次归来,讨论教育问题

1925年,胡先骕留美再次归来,担任东南大学教授,发表过几篇讨论教育问题的文章,分别涉及留学政策、师范教育、大学独立和博士考试等方面的问题。从这些文章中可以看出,作者的情绪化批判已经很少，理性化思考大大增多。

关于留学政策，胡先骕是在《留学问题与吾国高等教育之方针》①中提出来的。该文发表于《东方杂志》22 卷第 9 期（1925年），是一篇上万字的长文。文章说，在美国退还庚子赔款以前，中国去欧美留学者唯一的特点就是不通中文。后来中国留学生在美国创办《科学》杂志，有人拿给詹天佑看，詹表示非常吃惊，因为他没想到留美学生居然能够办中文杂志。胡先骕举这个例子，是为了说明当年留美幼童的中文水平太低，因此他们学成回国后，影响不会很大。清末推行新政，掀起赴日本留学高潮。为了接待大批涌来的中国人并迎合他们急功近利的心理，日本人开办了许多速成学校。速成的后果，就是对所学的东西一知半解：你说他懂吧，他并不是真懂；你说他不懂吧，他还能应付两下。于是这种人所造成的危害，比完全不懂的人更严重。因此胡先骕指出，留日学生的"最大之短处，在不肯耐心由日本高等学校肄业以至帝国大学卒业，故鲜有高深之学问"。另外，日本大学的课程重视理论，不重视实习实验，所以胡先骕在文章中又说，这些留日学生回国后，因为缺乏实际经验，往往只能是"坐而言不能起而行"。那些在专门学校毕业的，也因为学术根基太浅而不能搞独立研究，所以他们回国后除了在官场、学校或军队里混事外，很少能够胜任技术性工作。相比之下，由于到美国留学的难度更大，美国大学又重视实用，再加上美国的民主制度为国人所向往，因此留美学生，特别是庚款留美学生就大受欢迎。他们不仅在大学里任教，还分布在

---

① 《胡先骕文存》上卷，第 284—299 页。

铁路、工厂和银行等领域,其成就也引人注目。但是留美学生也有问题:一是有些人不通中文,既缺乏本国文化底蕴,又不可能对欧美文化有深刻理解,这种人充其量也是一个"仅有职业训练而未受教育之人",如果让他们"为社会之领袖,其影响之恶可知矣";二是有些人为了混张文凭,宁肯读二三流学校也不敢报考第一流大学,这其实是为了学位放弃了学问。

胡先骕介绍说,日本的留学政策有两个特点:一是为了与名人交往,以便增长见识,他们给留学生发放的津贴很高;二是为了开展研究,他们鼓励有工作经验的大学教授二次出国留学。相比之下,我国留学生的津贴只是日本的一半,而许多人认为让大学教授二次出国,等于夺去别人的机会。他还指出,如果派遣留学生仅仅是学习普通大学课程,而不是为了研究高深学问,乃是重大失策。

关于高等教育,胡先骕提出两点意见:一是主张教育独立,二是倡导通才教育。关于第一点,他说解决留学问题不过是治标之策,只有教育独立,才是治本大计。文章中提到,即使国家民族之间有矛盾或隔阂,学术界也应该保持友好关系。在这方面,留学生具有增进两国关系的特殊作用。当时他就估计,中国的留日学生可能起不到化解矛盾、消除战争的作用,这也被他不幸而言中。至于第二点,他以生物学为例,说有些学生以为学了生物系的课程,就可以成为生物学家。殊不知研究生物学首先要通德文和法文,因为这是治学的工具;其次要懂拉丁文,这是分类学的钥匙。此外,研究育种学和植物生理学需要微积分知识,研究生物演变需要历史地理知识,研究土壤学和生态学离不开地质学,研究植物营养学离不开物理化学……更重要的是,通才教育的基础是文史知识,这些知识对人格的陶冶具有至关重要的作用。因此他认为,单纯的专门知识不但不能造就第一流专家,而且还可能影响人格的健全发展。胡先骕的两点意见,应该是当今教育改革的方向。

在这篇文章中,胡先骕还说中国人有一种"学位万能"的误区,以为一旦获得博士学位,就无所不知。"殊不知区区博士学位所需之研究,实至有限,……而硕学如严复梁启超者,又何尝在外国大学,得一博士头衔乎?"

他还指出,许多人想学工商政法,其实是升官发财的观念在作怪。为了让"智识界不为利禄所蛊",他提出中国应该办研究院,大学教授应该分教学和研究两种,应该以优厚的待遇支持学术研究。他认为只有这样才能改变老师待遇太低的状况。此外,他还批评用量化方式来考核教师的做法,认为这种做法对教师的教学和研究有害无益。

1925 年,胡先骕还在《甲寅》杂志发表《师范大学制平议》[1],批评当时的师范教育。胡先骕说,欧洲各国不仅没有师范大学,就连教育学也仅仅是文科的附属课程。美国人虽然对教育学颇有研究,但是也没有专门的师范大学。之所以如此,是因为师范大学不过是为了培养中学教师,而中学教师只要读完普通大学,再学一两年教育学、心理学就完全可以胜任,因此设立师范大学没有必要。但是为什么中国的师范院校这么多呢?他认为这是从日本学来的。这种急功近利的做法使师范学生除了教育学之外,对其他学科往往是浅尝辄止,这样就不

---

① 《胡先骕文存》上卷,第 300—303 页。

可能培养出合格的教师。

就在这一年,东南大学爆发大规模学潮,胡先骕在《东南论衡》发表《东南大学与政党》①的评论。这次学潮是因为撤换校长郭秉文引发的,故称之为"易长风潮"。学潮的背景和经过相当复杂,学界内部和社会各界也众说纷纭。胡先骕是东南大学教授,他在文章中首先批评了国民党是一个不能容忍异己的政党,而"研究系"的反复无常也使它"终难成一强有力之保守党",然后指出:郭秉文与军阀政客周旋是不得已的事情,目的是为了学校的发展。他虽然在学术和政治上没有一定主张,但他还是使东南大学成为一个"不受政治影响专事研究学术之机关"。胡先骕认为这一点非常重要,是关系到教育能否独立的大问题,因此不应该"责人过苛"。

1933 年,胡先骕在胡适主编的《独立评论》上发表《论博士考试》②。胡适与胡先骕曾被称为"南北二胡",早在 1922 年《学衡》创刊后,胡先骕就发表长达两万五千言的《评尝试集》,严厉地批评胡适的诗集是"卤莽灭裂趋于极端"的"必死必朽"的文学,无论形式还是精神,"皆无可取"之处。胡适对此并未计较,只是在《尝试集》第四版自序中说:"这几句话,我初读了觉得很像是骂我的话;但这几句话是登在一种自矢'平心而言,不事漫骂,以培俗'的杂志上,大概不会是骂罢?"紧接着胡适幽默地说,胡先骕教授把陀思妥耶夫斯基和高尔基的小说也称为死文学,让他们"陪我同死同朽,这更是过誉了"③。到了 1930

---

① 《胡先骕文存》上卷,第 304—305 页。

② 同上,第 333—335 页;《独立评论》第 3 卷,第 64 号。

③ 《胡适全集》第 2 卷,安徽教育出版社,2003 年,第 816 页。

年,由胡适负责的中华教育文化基金董事会编译委员会成立时,胡先骕也是委员之一,由此可以看出胡适的气度。《独立评论》创刊后,胡先骕写过几篇文章,其中多数涉及生物学领域,只有这篇文章讨论教育问题。当时教育部准备举行博士考试,胡先骕认为这是鼓励学者从事学术研究的举措,因此表示支持。同时他还提出,应该成立一个诸如中央研究院评议会之类的荣誉机构,对国内最有成就的学者表示鼓励。中央研究院评议会是 1935 年成立的,不知与胡先骕这个建议有没有关系。

(四)荣任中正大学首任校长

全面抗战开始后,胡先骕继续留在北平,潜心科学研究。有人找他担任伪职,被他坚决拒绝。据他的儿媳符式佳回忆,1939 年他偷偷去过重庆,然后潜返北平。第二年 2 月他又离开北平,再次到重庆开会。由于他的言行已经引起日伪的注意,因此他只好去了昆明。第二次去重庆,是为了参加中央研究院评议会第五次年会,因为蔡元培逝世,还要选举中研院院长。后来去昆明,则是为了看望儿女,并亲自主持他创办的农林所。符式佳说,初到昆明,胡先骕住在挚友任鸿隽家,她在那里第一次见到未来的公爹。当年 7 月,胡先骕为大儿子和符式佳主持订婚仪式。9 月,教育部任命他担任中正大学校长,他便离开昆明去江西泰和赴任。

中正大学是江西省政府主席熊式辉为了发展地方教育,向蒋介石建议成立的。为此,蒋介石拨出两百万元作为创办经费。当时江西省会城市南昌已被日军占领,省政府迁往泰和,中正大学的校址就定在泰和的杏岭一带。据说,为了物色大学校长,熊式辉还颇费了一些周折。开始他想请晏阳初,后来又想到蒋廷黻、吴有训等人,最后才决定由胡先骕担任。中正大学以蒋介石字号命名,是为了纪念这位领导全民抗战的领袖。对于这件事,胡先骕在1952年"思想改造运动"中交代说:"那时陈立夫本来是想任命吴副院长(按:指中国科学院副院长吴有训)去做校长的,而我却是蒋介石所特别赏识的人,我对于做官没有兴趣,此次却做了第一任纪念国民党领袖的大学校长,我是引以为荣的,所以我便毫无迟疑地接受了这个任务。"[①]胡先骕对于蒋介石,曾经有一个由严厉批评到产生好感、进而相互信赖的过程。蒋介石没有因为胡的批评而耿耿于怀,可见他的气度和对学者的尊重。关于胡先骕与蒋介石的交往,胡宗刚先生在《不该遗忘的胡先骕》中有详细介绍,在此不必赘述。

除了蒋介石的赏识之外,胡先骕出任校长可能与他的籍贯有关。据说熊式辉开始想把学校定为省立大学,但陈立夫不同意,只好改为国立,因此找一位江西籍人士出任校长,容易让各方面接受。1941年,为纪念熊式辉在江西主政十周年,胡先骕曾赋诗一首,其中有"建国奠兹基,庠序育群英;十期雨露恩,桑梓日滋荣"等句,由此可见他们的关系。

另外,胡先骕对家乡教育特别关注。早在1926年,他就在《东南论衡》发表《致熊纯如先生论改革赣省教育书》[②],提出自己的主张。熊纯如即熊育锡,此人在清朝末年就开书局,办学校,并担任过江西省教育会副会长,辛亥革命后又担任江西军

---

① 《不该遗忘的胡先骕》,第127页。

② 《胡先骕文存》上卷,第321—326页。

政府教育局长,用胡先骕的话来说,是该省教育界泰斗式人物。在这篇文章中,胡先骕提出五个问题:宽筹经费,广延人才,免收学费,改进学风,道德教育。他认为教育经费是提高教师待遇、购买图书设备的保障。"吾省不办大学则已,欲办则必须办一模范大学。"从这篇文章看,胡先骕对于应该办个什么样子的大学以及怎样才能办好大学是有过充分考虑的。十几年后他能够当此重任,显然与他一直思考教育问题有关。

中正大学是 1940 年 10 月 31 日正式成立的。为此,蒋介石专门发来训词,其中谈到他的教育主张是"文武合一""术德兼修"。"所谓文武合一者,即恢复古代以六艺为教之主旨,俾吾在学青年之精神体魄生活习惯,均无愧一战斗军人之标准。所谓术德兼修者,即谓教育之功用,不仅在传习知能,而当以造就人格为基本。"这些话与胡先骕的一贯主张非常吻合。此外,教育部部长陈立夫也书写训词以示祝贺,熊式辉还为奠基石写了碑文。碑文曰:"本大学敬奉我民族领袖之名而名之,开创于战时,建立于战地,断垣破瓦中留此轰炸不烂之石奠其基。巍巍乎我民族复兴之精神堡垒,庄严伟大,百世之辉。"[①]从当时的情况看,中国人在最困难的抗日战争中,居然创办出一所国立大学,这在中国历史乃至人类文明史上,也是一个可歌可泣的奇迹。

(五) 率真可爱的人格风范

据中正大学学生回忆,开学那一天,胡先骕"身著马褂长袍

---

① 《国立中正大学》,第 228—229 页。

的中装礼服,鼻梁架着一副宽边玳瑁眼镜,上唇还蓄着一小撮希特勒式髭须",主持了开学典礼。一周后,他在周会上对同学们说:"在国外的知名大学,如牛津、剑桥,学生们是很难见到校长的,在校四年,一般可能只有两次见到校长的机会:一次是始业典礼,一次是毕业典礼。今天,诸生能够如此轻易地见到我,这是你们毕生的荣幸。"周会结束后,大家对这段开场白议论纷纷。有人说:"哇!好大的口气!"有人说:"从来没见过这么自负的人!"也有人说:"我们的校长率性得可爱!"①

无论别人怎么说,胡先骕的率真自负是一贯的。后来他在广西大学讲演,一开始就说:"我是国际国内都有名的科学家,我的名字早已在历史上注定了!诸生今天能够听到我的讲演,这是你们莫大的荣幸!"此言一出,全场哗然,有人还发出嘘声,但胡先骕却视若无睹,继续他的讲演。讲演结束后,掌声四起,经久不息,说明大家对他的认可。

胡先骕主持中正大学时,经常请本校名师和校外名人发表演讲。每次讲完,胡先骕都要做个总结。当年到中正大学演讲过的校外人士有张治中、陈立夫、朱家骅、邓文仪、熊式辉、蒋经国、吴有训、陈嘉庚等等,据说胡先骕的总结往往比演讲人还要精彩。有一次,本校文法学院院长马博厂做完学术报告,胡先骕居然毫不留情地提出批评,并且说:"想不到马院长不学无术,一至于此!"据中正大学的学生说,"马院长的确也是个处世圆滑的人物"(这可能是胡先骕不喜欢他的主要原因),再加上"他事先的准备不够,讲学的内容较为贫乏",因此也只能怪他

---

① 《国立中正大学》,第7页。

自己。①

在胡先骕的带动下，中正大学师生把自己命运与战争的胜负、国家的存亡和民族的兴衰紧紧联系起来。1942年，日军发动浙赣会战，先占领上饶、鹰潭、抚州等地，进而向吉安、泰和一带扑来。中正大学一边准备疏散，一边成立战地服务团，由胡先骕担任名誉团长，著名教授姚名达担任团长，赴赣北等地慰问。为此，胡先骕专门撰写《中正大学组织战地服务团之意义》。战地服务团团歌慷慨激昂，其中"书生报国今春时，我们是动员群众的试金石"等句，更是催人奋进。

姚名达先生出身于清华研究院，受业于梁启超、王国维、陈寅恪等人，梁的《中国历史研究法》就是他记录整理的。此外他还有《中国目录学史》《中国历史研究法补编》《章实斋年谱》《程伊川年谱》等著述问世。战地服务团组建时，期末考试刚刚结束，团里一位学生问姚先生试卷看完没有，姚先生回答说："早看完了。战地服（务）团的团员一律80分以上。你是82分。"这位从小接受良好教育的学生听了以后，有些不以为然。他说："那末对其他同学有点不公平罢?"没想到这句话却把姚先生激怒了，他用炯炯有神的目光盯住这位学生，严肃地说："你以为我不公平？你是读过旧书的人，总该知道'士先器识而后文艺'这句话。"说到这里，姚先生又提高嗓门说："一个做学问的人，最要紧的是做一些立身处世的真学问。别人在准备逃难的时候，你们参加战地服务团，虽未必真能收到什么服务效果，却至少可以有一点振奋民心士气的作用，你们也可以体验一下

① 《国立中正大学》，第9页。

实际的战场生活,这是当前第一等的真学问。光读几句死书,强记几个朝代、年号,有什么用呢?"①

说到考试,还要插进来一个话题。当年的师生对考试都有自己的理解。比如俞调梅先生喜欢在星期天考试,但他"出的考题单凭念书本是不容易做出来的"②。又比如在学校的规章制度中规定:"考试时不得舞弊,凡舞弊者不论情节轻重,一律勒令退学。这一点全校已形成风气。不少教授在考试时离开考场,而学生同样认真考试。不会发生舞弊行为。"③勒令退学有点过分,但是同学们在无人监考时也不会作弊,却让当代人有一种"白头宫女说玄宗"的滋味。

话说回来,姚名达一行在前方不幸与日军遭遇。他用日语向敌人说明自己的身份,却无济于事;无奈之下,他只好赤手空拳与日寇展开搏斗,不幸中弹牺牲,同时牺牲的还有学生吴昌达。消息传出,海内外为之震惊。包括《新华日报》在内的各路媒体都多次报道他们的英勇事迹。不久,江西省政府在中正大学礼堂为两位烈士举行公祭,各界人士和中外记者前来参加,曾出现"从码头到杏岭,沿途路祭,万人痛哭"④的感人场面。据一位校友回忆,他在学校看到胡校长哭过两次,一次是这一年春末夏初,学校五十多人感染疟疾,有半数"英年早逝",学校举行公祭,"校长踉跄而至,恸哭失声,久久无法自抑";另一次就是"当姚、吴两烈士的灵柩运抵学校大礼堂时,校长抚棺大

---

① 《国立中正大学》,第 155 页。
② 同上,第 3 页。
③ 同上,第 75 页。
④ 同上,第 160 页。

恸。此情此景,至今历历在目"①。

然而到了 1949 年以后,这两位烈士的称号可能是不符合新的标准和规定吧,于是在 1952 年的一场洪水中,烈士墓被冲毁,墓碑也当了抽水沟的垫底石,居然无人过问。"文革"期间,杏岭烈士墓更是惨遭破坏。直到 1987 年,民政部才为姚名达颁发"烈士证书"。1990 年,吴昌达的遗骸也被迁至浙江长兴烈士陵园。至于商务印书馆和上海古籍出版社先后再版姚名达先生的目录学著述,则表达了文化学术界仅存的一点价值取向。

(六) 自由主义的办学理念

胡先骕担任校长后,一心要把中正大学办成一所知名的高等学府。他曾经说:"英国有句格言,牛津大学拔了刀,全国跟着跑。我要做到中正大学拔了刀,全国跟着跑。"②为了实现"名人名校"的办学理念,他先后请来蔡方荫、俞调梅、戴良谟、张闻骏、周拾禄、叶青、雷洁琼、王易、欧阳祖经、姚名达(又名显微)、王宗和、刘乾才、潘大逵、卢润孚等人担任教授。有一位名叫郭善洵的学生后来赴美国留学,最终成为知名的计算机专家。1978 年他应清华和中国科技大学邀请多次回国讲学,留在国内的老同学问他改行有没有困难,他不假思索地说:"当年正大有那么棒的老师,使我大学四年学到的专业基础理论很扎实,后来虽一再

---

① 《国立中正大学》,第 15 页。
② 同上,第 1 页。

改行,毫无困难。"①

中正大学建校之初,拥有三院九系,即文法学院的经济系、政治系、社会教育系,工学院的土木系、化工系、机电工程系,农学院的农艺系、畜牧兽医系、森林系,另外还有一个研究部。1941年,文法学院增设文史学系,农学院增设生物系。胡先骕是生物学家,他本人有深厚的文史修养,因此非常重视文史研究。为此,他在杏岭山坡上建起一栋两层楼房供研究部使用。楼内辟有中山室和资料室,收集了大量资料,聘请了研究教授,既领导着校内的学术研究,又为师生们提供了方便。

除了研究院之外,学校图书馆的藏书也比较丰富,其中有"各种中英文书籍、刊物也不少,很多影印的外文书,纸张低劣,字迹不清,但总算满足了学生读书的需求"②。为了培养学生动手能力,学校还建有实验室和实习工厂。当年负责采购的万发贯回忆说,他曾经去福建购回一批图书和物理实验仪器,去桂林运回几十台机床,途中既有日军,又有土匪,其危难程度非亲身经历实在难以想象③。试想,在抗日战争最困难的时候,中正大学能够尽可能添置图书设备,真不容易。

除了图书设备之外,胡先骕对学生的思想状况和精神需求也非常关心。他认为,中国在物质生产方面远远不如日本,之所以能够坚持抗战数十个月,完全是因为我们有一种同仇敌忾的精神。为了赢得胜利,他在《精神之改造》④中向学生提出五

---

① 《国立中正大学》,第20—21页。
② 同上,第4页。
③ 同上,第132—136页。
④ 《胡先骕文存》上卷,第352—355页。

点要求。

第一，尽管我们周围有许多不法奸商和贪官污吏还过着纸醉金迷的生活，但无论对国家还是对自己，那都是一条自取灭亡的道路。因此醉生梦死的生活方式必须改正。

第二，为了抗战的胜利，我们在心理方面要养成坚忍不拔的自信心和奋发图强的进取心，在生理方面在养成整齐清洁、守时守信的好作风。

第三，人总有一死，与其默默无闻地生，不如轰轰烈烈的死。因此，"苟且偷生的习惯必须革除"。

第四，不要贪图过分奢侈的生活，更不要以不正当的手段获取非法报酬。汪精卫、周佛海等人都是为了追求名利、贪图享受才沦为汉奸的。因此"自私自利的企图必须打破"。

第五，好高骛远、向往革命是青年的通病。但是，"中国只有大贫小贫之分，并没有欧美资本主义国家中的资产阶级"。何况这些国家正在通过累进税等办法"自然而然的走向均富的路"。因此，那种"纷歧错杂的思想必须纠正"。

另外，他在《如何获得丰富快乐之人生》[①]的演讲中对学生们说，"物质享受是一种低级趣味"，丰富快乐的人生并不需要获得很高的物质享受。现在许多人求学的目的不是为了精神的需要，而是为了找到一份好工作。这种人的志向未免太低了，将来也很难获得丰富快乐的人生。他举例说，有一位美国工程师挣了很多钱，但是退休后却无聊得很。买了汽车，很快就玩腻了；买了留声机，却不懂得音乐；对于读书和美术，也没

① 《胡先骕文存》上卷，第356—360页。

有什么兴趣。最后只能郁郁而死。

胡先骕指出："古今中外名人乐于过简朴生活的,不胜枚举。"中国古代圣贤所谓"一箪食,一瓢饮",所谓"朝闻道,夕死可矣",与古希腊人追求真善美的精神是一致的。所谓真,就是真理,它包括精神上的真理和自然界的真理。前者有中外先哲留给我们的遗产,足够一生去研究;后者的范围广阔无垠,也足够我们毕生去探求。至于美的欣赏和善的修养,也完全可以充实每一个人的生活,使人生充满快乐。因此他认为"我们一生的精力不应该限于职业,在从事职业之暇,应善自利用时间,去追求真善美,去追求世上无穷的知识",这才能获得丰富快乐的人生。

(七) 为保护学生而辞职

1943年上半年,中正大学青年剧社在泰和城内举行义演,演出话剧《野玫瑰》。第二天,当地的《民国日报》刊登一则简讯:"国立中正大学青年剧社昨晚公演话剧《野玫瑰》,演出成绩欠佳,秩序尤成问题。"该报由国民党江西省党部主办,消息刊登后造成极为不良的影响,因此激起学生的强烈反弹。

关于这则简讯的来历,至少有两种说法。其一来自当年的政治系学生,后来担任过台湾校友会理事长的谭崂军;其二来自当年经济系学生,后来在长沙某中学担任教师的邹嗣奇。谭崂军说,当时他正在主持这个剧社,公演第一天,《民国日报》一位姓项的记者把自己的招待券送了人,却带着女朋友强行入场,还搬了两张椅子挡住观众视线,造成通道阻塞。负责前台事务的同学劝他购票入座,他一口拒绝。于是维持秩序的警员只好在观众的嘘声中把他们赶了出去。但是,自称前台主任并负责后勤和对外联系的邹嗣奇,在几十年后写的文章中却没有提到这个情节,而是说开幕不久,一盏汽灯从舞台顶上掉了下来,引起台下骚动,幸亏演员经验丰富,才使剧场秩序立即恢复正常。

无论如何,《民国日报》的简讯激怒了学生,他们找报社交涉,认为这个报道失实,影响了剧社的演出声誉,要求予以更正。但是报社方面却始终虚与委蛇,毫无解决问题的诚意,直到义演结束,也没有任何表示。多次交涉终无结果,学生们在情绪失控的情况下一哄而起,把报社砸了个稀烂,并且围攻了省党部,迫使省党部主任越墙而逃。事件发生后,日军乘机大做文章,胡说什么国立中正大学反对抗战,与中国国民党发生激烈冲突。蒋介石闻讯也非常生气,责令朱家骅等人严肃处理此事。为此,陈立夫和朱家骅先后来到中正大学,正在重庆的胡先骕也赶回学校。

胡校长回来后,马上把谭峙军找来,在详细了解当时的情况后,对他说:"事情已经过去有一段时间了,现在你冷静想一想,为什么一定要去打报馆?难道没有别的方法可以解决?"然后扬了扬手说:"你不要不经思索便急于回答我的问题。你冷静地想想,想清楚了,再回答。"谭峙军想一半天,想不出更好的办法,便回答说:"报告校长!我想过了!我实在仍然想不出更好的法子。——因为,当事件发生之后,我们已经把一切能做而该做的都做过了。"胡先骕听完后,平静而慈祥地说:"事情过去了这么多天,你仍旧认为除了采取野蛮手段而外,别无其他方法可以解决,可见得也并非一时冲动。"说到这里,谭峙军几乎不相信自己的耳朵,因为他完全没有想到校长会说出这样的话。胡先骕接着说:"不过,年轻人动辄打架,总是不好的! 你们也应该受点儿处分。……既然不是你一个人闯的祸,那么好汉做事好汉当,你叫所有去打过的同学大家签名,你去吧!"谭峙军正要出门,胡先骕又叮嘱说:"你不要签第一名,这种事儿没有什么风头好出的! 你懂不懂!"①

谭峙军回到宿舍,召集同学们在两张大纸上不规则地签了名送了过来。第二天,公布栏贴出布告,对签名同学给予处分。对于这件事,邹嗣奇的说法大同小异。他说,胡校长回来后,曾召集全校师生大会,他在会上幽默了几句,然后掏出一张条子,提高嗓门说:"这是蒋委员长的命令,'着中正大学校长迅即返校,惩办为首学生'。但是怎么惩办你们呢? 我看还是惩办我吧! 都是我教育无方,使你们闯下大祸。"接着胡校长又将复电中央的内容向大家介绍一遍,其中有"教育无方,责任在我,事件已平息,对学生已作处理,未便变更",云云。最后胡校长说,尽管如此,他还是要做点处分的。凡是去打了报社的,签上一个名,各人记大过一次,但是不取消他们的助学金,也不影响他们毕业和毕业后找工作。②

不久,胡先骕果然辞职。对于他的离去,邹嗣奇是这样说的:"我们的老校长,赤诚待人,爱护学生,牺牲自己的精神,我们永远不会忘记。"谭峙军则说:"校长不惜以崇隆名位作了牺牲,来保全一群该受到严厉的、甚至开除学籍处分的学生;就像

① 《国立中正大学》,第 14 页
② 同上,第 64 页

一只慈爱的老母鸡不顾自己的安危去庇护一群小鸡仔一样。校长的这一片'燃烧自己、照亮学生'的苦心与爱心,怎能不令人毕生感念!"他还说:"一年之后,当我们这一届同学领到毕业证时,证书上署名的竟然不是步公校长!不少同学内心明白,自己的这张毕业证书实在是以校长的牺牲作为代价换来的。"①其实,胡先骕是非常看重这份工作的。他有言:"(大学校长)在欧美各国欧美以名流硕学充之。如美国哥伦比亚大学聘艾森豪威尔元帅为校长,即其一例。而在中国过去亦极重视大学校长之人选。过去无论矣。自民国建立以来,北京大学先后为严几道、马相伯、蔡子民所充任。以校长为一时之人望,故能增加大学之尊严,有名之学者亦易礼致。"②

关于胡先骕的辞职,胡宗刚另有看法。他在《不该遗忘的胡先骕》中说,胡先骕辞职表面上看是因为《民国日报》事件,其实是蒋经国所为。当年蒋经国为了扩大自己势力,想把中正大学迁往赣州,被胡先骕拒绝。因此他向蒋介石进了谗言,才迫使胡先骕辞职。

(八) 抨击专才教育,关注教育改造

胡先骕辞职后,仍然继续关注教育事业,并于1945年年底发表长篇文章《教育之改造》。该文与后来发表的《思想之改造》与《经济之改造》构成一个系列,阐述了他在抗战胜利后全面改造中国的主张。

---

① 《国立中正大学》,第15页。
② 《不该遗忘的胡先骕》,第120页。

《教育之改造》①大约一万五千言,分七个部分。在第一部分"教育之目的"中,胡先骕首先指出教育与生活是密切相关的,所谓生活是指人生的一切活动,它"包括谋生之知能,物质之需要,身体之发达,保健之方法,求偶生殖之知能,求知之欲望,情感之发泄,道德感与美感之满足,宗教伦理之信仰,德性之修养,政治社会之活动"等许多方面,因此教育的目的,在于指导与训练每一个人,使人人都能在生活中尽量发展潜能,并达到尽善尽美的地步。用这个标准来衡量,他认为我国的教育制度远远不能担负起这一重任。

为什么会出现这种情况呢?在第二部分"生活教育之长成及其变质"中,胡先骕分析了问题所在。他说,我国古代教育中的六德(知、仁、圣、义、忠、和)、六行(孝、友、睦、姻、任、恤)和六艺(礼、乐、射、御、书、数),着眼于人生的全面发展。当时在小学教洒扫、对应、进退,在大学教修身、齐家、治国、平天下,就是广义的生活教育。只是后来逐渐偏重于知识教育和文字教育,才使教育与人生脱节,以致后患无穷。他认为这种情况是从汉武帝时代开始的。汉武帝为了奖励学术,立五经博士,用高官厚禄引诱读书人,致使求学不是为了生活,而是为了功名利禄,也使生活教育难以继续。清朝末年,虽然废除了科举制度,但是许多人上学仍然是为了文凭、为了获得一种资格而已。他痛切地说:国家与家庭每年耗费亿万资财,个人也要花费一生中三分之一的光阴来受教育,却学了许多与生活不相干的事,这不是最大的悲哀和浪费吗?

---

① 《不该遗忘的胡先骕》,第 406—428 页。

紧接着胡先骕在第三部分中分析了我国抄袭欧美教育制度的流弊。他说,我国现代教育制度是从欧美学来的,由于欧美教育基本上是"囿于求知",不大重视个人修养,因此我们的学生在学校里所学的知识,也仅仅是为升学做准备,如果不能升学,就几乎没用。即使是升了学的学生,也只知道学习专业知识,根本不注意道德修养和待人接物之道。至于国家大事和现行法令制度,更是茫然无知。因此,这种人除了专业知识外对其他事物几乎一无所知,他们既没有精神寄托,又缺乏个人爱好,一旦有点闲暇,除了酗酒赌博或放荡人生外,什么也不会干。这都是教育的失误。现在看来,胡先骕所谓欧美教育制度的问题,似乎早已解决,但我国教育制度的问题,却更加严重。其中原因,需要进一步分析研究。

基于上述判断,胡先骕在第四部分中提出要"确定我国之教育目标",创立我国的教育制度。为实现这一目的,他认为首先要检讨全部课程的内容,看看究竟应该设立哪些科目,应该用多少时间"研究修身之道",用多少时间"研究应世接物治事之方",用多少时间"研求如何作一国家之世界之公民",用多少时间"研求专科之学问",然后再编制一种"生活学"的课程,让学生在个人修养和知识技能方面都能有所提高,并充分发挥自己的潜能。胡先骕还说,我国古代教育是文武合一,德术兼备;如今的教育是有术无德。有德无术,还可以努力做人做事,有术无德,则不可能成为君子,只能是个小人。

在第五部分"教育改造之要旨"中,胡先骕提出改造教育的十二点意见,其中第一点就是"教育不可过于标准化"。他尖锐地指出:教育不仅要普及,还要培养天才;由于人的天赋不同,才能各异,比如综合能力较强者分析能力就弱,喜欢文艺美术的可能不喜欢数理化,因此只有因材施教,才有可能挖掘每一个学生的潜质。现在的问题是人们对物质文化过于崇拜,把数理化捧得过高,让它们在升学考试中占有很大比重,这样一来,所谓高考就和当年的科举制度差不多了。此外,他还分别提出并阐述了"适应学生个性""培养高尚人格""建立宗教信仰""发展劳作教育""国民教育职业化""政治经济知识之培养""发展健康教育""求偶生殖与育儿知识之传授""女子教育之改进""重视美育""师范教育之改进"等问题。

作为一个生物学家,他对教育问题考虑得如此全面,已经很不容易了,但是在第六部分中,他还提出"改造教育制度之具体方案",其中涉及义务教育、中等教育、高等教育和侨民教育等问题。在高等教育的改造中,他所提出的大学校长和大学教授的资格与标准,具有非常重要的现实意义。他说,大学是培养领袖人才的地方,是一个国家的最高学府。大学校长的地位极其崇高,政府当局和整个社会应该把他们"尊为宾师,决不可视同一般之高级政府官吏",否则就会让各种事务束缚他们的手脚,也容易使南郭先生滥竽其中。大学教授必须是"学术宏通品德高尚,可为青年表率者",才能胜任;"品德不足以为青年师表者,虽有专门学问",也不能聘任。为此,政府与社会也应该对大学教授"优其礼遇,丰其俸给",使他们能够专心做"育英才潜心学问之盛业,而不为外物所诱"。

胡先骕认为"大学教育,既贵专精,尤贵宏通"。他强调:不应该让大学生的知识过于专业化,而应该让他们有自由选修课程、自由研究学问的机会。他认为大学课程设置的弊病是限制太严,必修课太多,结果是"大学教育在过度专业化积习之下,遂造成无数未受宏通教育之专家"。这些人的专门学问也许还可以,但是"高等常识,一般学术上之修养,则太嫌不足",这种情况"尤以学应用科学如农工医商者为甚"。他还指出:"今日医学界之专业化,实为人类之灾难。"

胡先骕告诫人们,更重要的是,如果"以此等专家领导国家社会,其害有不可胜言"之大。欧美大学之所以重视"自由教育",就是基于这个道理。挽救的办法是,"将专业课程之修习时间大为减少,而将自由选课之时间加多,同时规定学生舍专业课程外,必须选习相当数量之政治经济社会历史哲学科学美术等课程,以收'自由教育'之效"。另外,胡先骕还再次抨击了"速成"思想。他说求学不仅仅限于大学四年,而是一辈子的事。只有"愿献身数十年潜修学问,以谋国利民福者",才能充当政府的首脑或顾问。胡先骕的这些看法,无论在当时还是现在,都具有重要的指导意义。

(九) 后话

胡先骕去职后,中正大学校长由萧蘧担任。萧是江西泰和人,早年就读于清华,后留学美国,毕业后曾在国内外多所著名大学任教。他本来也是很好的校长人选,全面抗战开始后他还根据蒋介石的意见准备在庐山白鹿洞一带建立永久性校址,但由于内战期间学生运动此起彼伏,终于迫使他辞去校长职务。萧走后,中正大学校长由林一民接任。不久,迁校规划搁浅,这时的中正大学,已经发展为五院十八系的规模,并拥有教师一百八十一人,其中教授六十五人,副教授四十六人,讲师十七人,助教五十八人,在校学生保持在一千至一千四百人。

1949年8月,中正大学改名为国立南昌大学。随后江西省人民政府决定,以南昌大学和江西八一革命大学为基础,将江西省立工业专科学校、农业专科学校、体育专科学校等合并进来,成立新的南昌大学。这可能是新中国第一轮合并大学之举。于是南昌大学成为一个拥有政治学院、工学院、农学院、理学院、文学艺术学院和体育专修科的所谓"大学"。但是没几个月,江西八一革命大学重新恢复,南昌大学又经历一次不大不小的折腾。

这还不算,到1952年院系调整时,该校被彻底肢解:实力最强的农学院除了森林系一分为二,分别并入华中林学院和南京林学院,畜牧兽医系的畜牧专业合并到华中农学院之外,剩下的部分从南昌大学独立出来,成立了江西农学院。与此同时,数学系、生物系、文史系、外语系、物理系、电机工程系、土木工程系、电机工程专修科、机械工程系、经济系、体育专修科等系科,分别并入中山大学、武汉大学、湖南师范学院、华南工学院、华中工学院、华南师范学院、中南财经学院、中南体育学院、中南土木建筑学院、中南矿冶学院和华中师范学院。这次调整,共调出学生一千两百三十三人,教师一百五十九人,使这所大学几乎成为一座"空城"。到1953年,南昌大学改名为江西师范学院时,仅剩师范专修科一个专业,留下来的教师只有七十四人,其中教授十人,副教授十九人。这样一来,曾经在抗日战争中弦歌不绝,并且为这场战争做出重大牺牲的国立中正大学,便不复存在。至于胡先骕本人,在经历了一系列磨难后,于

"文革"中去世,享年七十四岁。

1982 年 2 月,台湾成立中正大学筹备委员会,1989 年 7 月 1 日,中正大学在台湾嘉义县问世。至此,原本在江西创办的一所大学,却在台湾获得新生。几年后,江西省政协主办的文史资料出版《国立中正大学》专辑,提出"让海峡两岸携起手来,让记忆的光环重塑今日的辉煌!"(见该书概述)在这本书中,还有一份中正大学青年剧社的海报。从海报上看,这次演出是为了"庆祝首届青年节暨筹献青年号飞机",演出的剧名是《阿 Q 正传》,主演是蒋经国和谢兆熊。这件事超出后人想象,出乎大家意料。

于是我想,历史的记忆的确非常重要,但如果没有真正的觉悟和行动,所谓"重塑辉煌",也只能是望洋兴叹。

附：

1949 年前后的胡先骕

　　2014 年是著名植物学家胡先骕诞辰一百二十周年。胡先骕的一生至少有四大贡献：第一，他是我国植物分类学奠基人，他与同事共同发现被称为植物界"活化石"的水杉，曾经在世界科学界引起轰动；第二，他参与创办的静生生物调查所及其附属机构庐山植物园，是近代中国建立最早且最有成就的科研机构之一；第三，在担任大学教授和大学校长期间，他培养了一大批优秀人才；第四，五四运动后期，他作为"学衡派"的一大重镇，曾经参与"文言与白话之争"，这一争论对新文化运动的发展具有建设性作用。上述学术文化成就，大体上都是在 1945 年以前完成的。

　　胡先骕是 1894 年生人，1945 年抗战胜利的时候他才五十一岁，正是学术生命最旺盛的时候。当时他面临的问题有两个：一是尽快恢复被日军破坏的静生生物调查所，使他和同事们的研究走向正轨；二是针对当时复杂的国内外形势发表自己的看法，以便尽到一个知识分子的责任。关于前者，他曾经多次与中基会负责人任鸿隽联系，要求予以补助；至于后者，则有他当时发表的一系列文章为证。

　　1946 年 9 月，胡先骕在著名的《观察》杂志发表《中美英苏之关系与世界和平》一文。文章指出："自今日之形势观之，苏联对于中国所加之劫持，与在东欧之争霸权，实足以妨害世界和平之建立。"(《观察》第 1 卷第 5 期)需要注意的是，当时内战已经打响，而支持发动内战的幕后黑手，就是一年前与我国政府签订《中苏友好同盟条约》的苏联。所以胡先骕把苏联当作劫持中国的敌人，乃不刊之论。除此之外，他在《观察》杂志上还发表了《〈未了知之人类〉译序》《经济之改造》《思想之改造》等系列文章。

1947年6月，胡先骕在天津《民国日报》发表《再论中美英苏之关系与世界和平》。除此之外，他还有《如何挽救当前之高等教育危机》《国民党之危机》《论整饬县政》《论一年一度之科学运动周》等文章问世。

就在这一年，胡先骕还通过独立时论社发表大量文章。独立时论社是由胡适、张佛泉、崔书琴、王聿修等人创办的一家民间通讯社。张、崔、王属于年轻一代的自由主义知识分子，他们创办独立时论社，是为了将社员的文章提供给各地报刊使用。因此胡先骕说："我写独立时论社那些文章是因为我们发表政论的方法在中国是新颖的，而有很大的力量的。一篇文章在国内各省几十家报馆同时发表，是可以获得广大的读者。我认为这真是我发表争论最有效的方法。由此或可团结我所谓的进步力量，而组织一中间路线的党。"①

1948年3月，胡先骕在《经世日报》发表《今日自由爱国分子之责任》。该文根据司徒雷登的建议，提出真正自由的爱国人士应该组建一个政党，以便形成一种既可以"遏阻共产主义之狂潮，亦可助政府之贤明领袖挣脱其党内极端反动自私分子之束缚"的力量②。

---

① 《胡先骕先生年谱长编》，第417页。
② 同上，第474页。

1948年七八月间,胡先骕在静生生物调查所邀请张肇骞、唐进、汪发缵、冯澄如等人正式成立社会党。9月上旬,天津《大公报》发表《中国的出路》(又名《社会党政纲》)一文。该文由王聿修执笔,因发表时由胡先骕等十二位教授联合署名,所以又称为"十二位教授宣言"。文章说:"在这个动乱的时代,……如果我们不参与政治,别人将要把与我们的意志和良心相反的制度,强加在我们以及我们的子孙身上。"基于这一判断,文章认为要想避免"集权共产主义的威胁",并争取民主宪政的成功,至少需要两个以上的政党,这样人民才能有所选择,政党才能发挥相互砥砺相互监督的作用[①]。

据说文章发表以后,被国民政府当作传单,用飞机向共产党统治区散发,这说明它在当时的影响很大。

9月底,胡先骕赴南京参加中央研究院成立二十周年纪念会并当选为该院院士。与此同时,由于内战正在如火如荼进行,所以他又与任鸿隽商谈静生生物调查所的南迁事宜。随后,他又以自己的言论"为中共所疾视"为由,要求允许他"携眷南下赴庐山植物园暂住"[②]。

就在这时,中共地下组织开始与胡先骕秘密接触,希望他能留在北平。最初做这项工作的是静生生物所冯澄如的儿子冯钟骥。此人当时正在北平崇实中学读书,胡先骕看他年轻,提出要见中共的"高级代表",于是中共地下组织派杨伯箴与他见面。杨当时三十多岁,是中共北平中学委员会书记。他与胡

---

① 《胡先骕先生年谱长编》,第493—494页。
② 同上,第504页。

先生秘密见面以后,终于让胡打消了离开北平的念头①。另外,据说当时胡先生已经拿到离开北平的机票,但是他的家属得不到机票,这其实是他最终留了下来的真正原因。

1949年北平政权易手之后,胡先骕面临着两大难题:一是静生生物所因资金问题难以为继,二是自己的生活极其困难。

关于第一个难题,他曾经向解放军北平军管会打报告申请借款,但没有下文。无奈之下,胡先生只好变卖仪器勉强度日。在此期间,华北农学院院长乐天宇想把静生所收进囊中,遭到胡先骕反对。经过协调,该所最终并入新成立的中国科学院。当时的中科院地址未定,所以该院看中的主要是静生生物调查所的房产,而不是该所大量的标本、卡片和图书资料。

关于第二个难题,主要是他因为夫人患病,花费甚多,因此需要到大学代课,以便补贴家用。但是中科院有规定,研究人员是不允许在外兼课。为了这件事中国"科学院讨论多次,最后在福利金下支一数目,作为补助"②。这一情况在《竺可桢日记》也有记录。

1950年的北京,对文化出版的管理还没有后来那么严格,再加上胡先骕是一位追求真理、崇尚自由、对历史负责任的学者,所以他曾经为黄萍荪主编的《北京史话》丛刊撰写一篇长文,标题是《北京的科学化运动与科学家》。该文近三万字,介

① 胡启鹏主编:《抚今追昔话春秋——胡先骕的学术人生》,北京燕山出版社,2011年,第322页。

② 《胡先骕先生年谱长编》,第531页。

绍了十二个学术机构以及胡适、傅斯年、陶孟和、陈寅恪、冯友兰、郭沫若、丁文江、文翁灏等一大批著名学者。文章刊发后，丛书主编黄萍荪说，这是"近四五十年来中国的文史科学、自然科学、社会科学发轫的原始记录"①。

但是胡先骕的介绍显然与新的意识形态格格不入。随后，《人民日报》发表"读者来信"，指责胡文"有严重政治错误"。于是，《北京史话》被迫停止出版，"其主编黄萍荪亦因此蒙受牢狱之灾"②。

尽管如此，胡先骕还是我行我素，其主要表现有以下几个方面。

第一，他仍然住在静生生物所内，不仅不去上班，而且不交房租。这使中科院的副院长竺可桢十分为难，也让有关部门束手无策。为此，竺在日记中说："为步曾住宅事与办公厅交涉半年，毫无结果，……步曾住石驸马大街范静生屋，向来不出租金，而且不到植物所办公……"③胡先骕之所以如此，显然是要表达自己对新秩序的不满与抗争。

第二，他批评自己的学生丁瓒和卢于道只是去了苏联一趟，"就到处大吹大擂，到处说米丘林路线正确，其实是走马观花、人云亦云的盲从"。④

第三，1951年11月底，中共中央发出《关于在学校中开展思想改造和组织清理工作的指示》以后，胡先骕十分反感。为

---

① 《胡先骕先生年谱长编》，第537—538页。
② 同上，第545页。
③ 《竺可桢全集》第12卷，上海科技教育出版社，2005年，第455页。
④ 《竺可桢全集》第12卷，第537页。

此竺可桢在日记中说："胡先骕提出学习是突击性的"，此外他还"抗拒抽查日记"①。

第四，在抗美援朝时期，他仍然为西方民主国家辩护。比如在谈到贪污浪费、名利思想、资产阶级黑暗面时，胡先骕居然"说英国没有贪污，说贪污非资产阶级的本性"。②

第五，在1952年"思想改造"运动中，胡先骕虽然遭遇一轮又一轮的批判，但他始终坚持自己的想法，所以被认为是"拒不认罪"。

第六，在斗争别人时，他能推则推，能躲则躲。据竺可桢说，有一次他与胡先骕约好一同去参加批判汤佩松的大会。大会两点开始，他们需要一点半出发，但是胡却坚持两点动身，于是竺可桢只好独自先行③。

正因为如此，到了思想改造运动结束时，胡先骕与沙培志、金树章、郝景盛、钱临照、王静如等人未能通过中科院的"思想改造"运动。

"思想改造"运动结束后，开始步入花甲之年的胡先骕出版了多种著作，其中《植物分类学简编》一书因为批评苏联的伪科学而受到围攻。因为这一事件，他丢掉了中科院学部委员的头衔。所幸中苏关系因为斯大林的去世进入微妙阶段，所以胡先骕没有受到更大的迫害。1956年毛泽东在中央政治局扩大会议上问到此事，误以为他已经七八十岁了，因此说他是"中国生物学界的老祖宗"。

---

① 《竺可桢全集》第12卷，第489页。
② 同上，第550页。
③ 竺可桢1952年4月6日的日记。

1957年"反右"运动开始后,胡先骕正在江西讲学。当地公安机关专门收集了他的言论,结果这些材料被装入他的档案。

1958年有一个所谓"向党交心"的运动。直言不讳的胡先骕根据现实的遭遇罗列了自己的二十九条不满意,其中包括对土改运动、解放台湾、外交政策和"三反五反"等问题的不满。幸亏大规模"反右"运动已经过去,再加上中科院的环境相对宽松,所以他没有遭遇祸从口出的迫害。

步入晚年的胡先骕,似乎把更多的精力放在诗词书画方面。"文化大革命"开始后,中科院植物所给胡先骕的政治结论是:"一贯反动,解放后常散布反对言论……"①最后,他因为经受不住批斗、抄家、停发工资等迫害,于1968年去世,享年七十五岁。

---

① 《胡先骕先生年谱长编》,第663页。

科学界的"周作人"陈焕镛

陈焕镛(1890—1971)是中国植物调查采集的创始人之一。他1890年出生在香港一个官宦人家。父亲陈霭庭早年在香港创办《华字日报》,与启蒙思想家王韬有过合作关系,后来因精通英语、熟悉洋务,被清政府派到古巴担任总领事。在古巴,已经有一妻三妾的陈霭庭又娶了当地的一位西班牙后裔的女子。二人共育有三男一女,陈焕镛就是其中一个。

陈焕镛十四岁那年,随父亲的一位朋友去美国读书。高中毕业后,他先后进入马萨诸塞州立农学院、纽约州立雪城大学和哈佛大学学习森林学、昆虫学等专业,1919年获得哈佛大学林学硕士学位。大学期间,他了解到中国珍稀植物的标本大多保存在欧美等国,以至于要研究中国植物,就必须远渡重洋到外国去寻找资料。为此,他在哈佛大学毕业后立刻回到中国,投身于植物和昆虫的采集调查工作。

回国以后,陈焕镛首先去海南岛五指山采集标本。五指山区虽然有丰富的物种资源,但却是一个人迹罕至、瘴气弥漫的地方。当时的海南岛对于科学界来说还是一个"未开垦的处女地",因此陈焕镛被誉为第一个到海南岛工作的科学家。在采集标本的过程中,他曾经摔伤手腕并感染了恶性疟疾。最后,他因为遍体鳞伤、左手肿胀,不得不被人用担架抬了下来。

康复之后,陈焕镛把他在海南岛采集到的标本包装好,暂存在上海招商局轮船公司的仓库,准备运往波士顿做进一步整理研究。不幸的是,由于这个仓库失火,他在海南岛采集的标本也被烧毁。因此他原计划在中国工作一年后返回波士顿的想法随之取消。

1920年以后,陈焕镛先后在金陵大学和东南大学执教,于是他把在海南岛采集的标本副本运到南京,保存在东南大学生物系的标本室内。不料该标本室所在的大楼在1923年意外失火,致使这些标本化为灰烬。至此,陈焕镛在海南岛辛辛苦苦采集到的标本全部被大火吞没。

当时的东南大学,在文科方面是"学衡"派的天下,在理科方面也是人才济济。其中仅生物学方面,就有秉志、钱崇澍、胡先骕和陈焕镛等一批最优秀的人物。这对于任何一个学者来说,都是求之不得的理想环境。

但是好景不长。1925年,东南大学发生"易长风波",致使许多教授纷纷离去。1926年,陈焕镛向校方请假一年,返回香港度假。第二年,他接受中山大学聘请,担任了该校植物学教授。随后,他创办了农林植物研究所,下设标本室、图书馆和植物园等机构,并与国外同行建立了标本交换关系。紧接着,他把采集标本的范围从广东扩展到广西、四川、湖北、贵州等地。

进入30年代以后,中国的文化教育事业迎来了一个前所未有的黄金时代。在此期间,陈焕镛领导的华南植物研究所培养了一大批优秀人才,也发现了许多新的物种,并引起国际学术界的关注。

1937年爆发的"卢沟桥事变"打断了这进程。由于战争来得过于突然,所以北平的静生生物所、南京的中央研究院动植物研究所和中国科学社生物研究所等机构,都因为缺乏准备,致使许多标本资料不是落入敌手,就是被战火焚毁。陈焕镛得知这种情况后,在日军进攻广州之前,就把农林研究所的标本和图书分批运往九龙,保存在陈氏家族的一个仓库里面。

迁港之后,农林植物所在陈焕镛的领导下,获得"国际声誉日隆"的美誉。在这种情况下,"研究者纷纷与农林植物所联系,欲就植物所从事研究,(只)因地方狭小,经费拮据而一时难以接纳,(这)让陈焕镛备感抱歉"①。

太平洋战争爆发后,香港被日军占领,因有人举报农林植物所是"重庆敌产",遂遭日军搜查,致使所内十五万号珍贵的植物标本、四千余部中外图书和许多仪器陷于险境。因此,如何才能保护这批珍贵的科研资料,乃是陈焕镛当时最需要解决的问题。

正在这时,汪伪政权的广东省教育厅厅长林汝珩来访,表示只要陈焕镛将农林所搬回广州,就可以继续从事研究工作。为此,陈焕镛召开全所会议,决定迁回广州。对于这件事,陈焕镛的同事何椿年在 1952 年的交代材料中说,当时陈所长表示:"目前只有先将本所物质,设法脱离日寇掌握,将其运回中国大陆任何地方,才有归还祖国的希望。他本人愿将名誉生命做孤注一掷,作最后挣扎。所中同人,有愿留者则听之,但须准备杀头处分;不愿留者,设法筹集川资,送返内地。"②

由此可见,当时陈焕镛面临着一种两难选择:困守香港,

---

① 胡宗刚:《华南植物研究所早期史》,上海交通大学出版社,2013 年,第 100 页。

② 同上,第 109 页。

所中标本很可能会被日寇掠夺；返回广州，标本虽然能够保存，自己则会背上汉奸的罪名。就好像忠孝不能两全一样，经过反复思考，他做出了牺牲个人名节、保护科研资料的选择。

陈焕镛是中央研究院植物组评议员。他附逆之后，傅斯年在中央研究院年会上提出"陈评议员焕镛赴广州附逆，应请开除会籍"的动议。最后，中央研究院做出了开除其评议员资格的决议。

抗战胜利后，陈焕镛因为附逆受到法律追究。这种情况与周作人有点类似，当年周作人留在北平，也承担了保护北大财产的任务。不同的是，周作人被判处多年监禁，而陈焕镛却获得"不予起诉"的结论。这是否反映了大家对文人和科学家的不同要求？还需要进一步研究。

工程篇

Science

民国时期的铁路专家凌鸿勋

2014 年 4 月 15 日是凌鸿勋（1894—1981）先生诞辰一百二十周年。先生是广东人，由于他在 1949 年以后去了台湾，因此在很长的一段时间里被人遗忘。最近在网上看到，标志着新疆正式进入高铁时代的兰新高铁乌鲁木齐至哈密段即将开通，这让我想起了凌先生为陇海线和粤汉线所做的贡献。

凌鸿勋 1894 年出生于广东番禺一个书香世家。凌先生表示，许多人把"凌"字误写为"凌"，他只是付之一笑，并开玩笑地说："我不在乎这一点。"由此可见，当年的这位"理工男"还是颇为幽默的。

据凌先生回忆，他的父亲曾经考取举人，只因在进京参加会试时多次落榜，才在家乡当了一名教书先生。教书匠收入很低，他们家曾经到了没有隔夜粮的地步，午餐不举火也是常有的事。

凌鸿勋幼年接受私塾教育，后来考入广州府中学堂就读。当时由于京汉铁路已经通车，所以修筑粤汉铁路就成为迫在眉睫的事。于是广东绅商组办粤汉铁路公司，在民间集资修路。凌鸿勋虽然家境贫穷，却不得不交上一元，成为"起码股东"。这件事居然成了他与铁路发生关系的开始。

1910 年凌鸿勋从广州府中学堂毕业，正好上海高等实业学堂（南洋大学的前身）前来招生。该校由清末重臣唐文治主持，因为不收学费,所以凌鸿勋选择了这所学校。

1914年凌鸿勋从该校毕业后,本来想回广州找一份工作,但是却未能如愿。正好美国桥梁公司要在南洋公学招收两个实习生。凌鸿勋本来对此不感兴趣,但是在唐校长的督促下,他终于应聘去了美国。在美国,他与胡适、张伯苓、任鸿隽等留学生皆有来往,并发起组织了中国工程学会。

1918年凌鸿勋返回中国,经唐文治介绍进入交通部工作。两年后,他秉承师(唐文治)命回母校任教,并担任土木科代主任。这时的南洋公学已改名为南洋大学,不久唐文治校长因年迈多病辞职,交通部任命凌鸿勋代理校务,当时他年仅二十六岁。但是没过多久,南洋大学就归入新成立的交通大学,于是他又返回交通部工作。

由于在交通部可以学为所用,凌鸿勋非常喜欢这份工作。然而变化莫测的政治局面却没有给他这样的机会。1922年4月,新上任的交通部长不问青红皂白将他免职,于是他举家南迁,重新回到上海南洋大学执教。两年后段祺瑞上台执政,交通部因为再次改组,致使南洋大学校长辞职,于是交通部任命凌鸿勋接替校长职务,这一年他才三十周岁。随后,他在校长任上经历了江浙战争、孙中山去世、五卅惨案等一系列重大事件,均安然无恙。直到国民革命军抵达上海以后,才被迫辞职,远赴广西梧州,在市政府当了一名工务局长。

南京国民政府成立后,当局为了实现孙中山提出的铁路计划,组建了以孙科为首的铁道部。1929年年初,经一位外国专家推荐,孙科邀请凌鸿勋前来任职。同年6月,凌出任陇海铁路工程局局长。

陇海铁路既是一条贯穿中西部的铁路干线,也是新亚欧大陆桥(东起连云港西到荷兰鹿特丹)的重要组成部分。这条铁路的修筑最初是由盛宣怀在 1903 年提出来的,原计划四五年内完工,但由于款项不足和内战不断,直到凌鸿勋上任的时候,该路只完成江苏海州(今连云港)至河南灵宝部分。这段铁路还不足全线的三分之一。

凌鸿勋上任后,本来计划将陇海线向西拓展,经西安一直修到兰州,但是没多久就爆发了中原大战。中原大战的主战场就在陇海线一带,因此勘察工程被迫停顿了一年左右。1931 年年初,陇海线灵宝至潼关段开始施工。潼关西傍华山,北临黄河,周围谷深崖绝,素来有"关门扼九州,飞鸟不能逾"的感叹。尽管如此,勘察工程在凌鸿勋的领导下只用了不到一年时间,就顺利完成任务。

正当凌鸿勋准备在陇海线大显身手的时候,新上任的铁道部长顾孟余将他召回,委派他去湖南负责打通株韶铁路。株韶铁路是粤汉铁路的中段,粤汉铁路自 1898 年开工后,直到 1915 和 1918 年,才分别完成广州至韶关和武汉至长沙的路段。剩下的株洲到韶关路段,则因经费等原因被长期搁置。

凌鸿勋与顾孟余素不相识,他不知道为什么对方会选择他担任这一重要职务。见面以后他才知道,顾之所以这样做,是因为他是长期在外做事的广东人。因为是广东人,他容易被广东方面所接受;因为长期在外面做事,所以他在广东没有盘根错节的人事关系,也不会只考虑广东方面的利益。另外,顾孟余还对他说,华北情况紧张,说不定会有事变,因此要尽可能提前完工。

　　在这种情况下,凌鸿勋主要的担心就是钱的问题了。为此顾孟余对他说,这个问题不需要他考虑,因为自南京国民政府成立以后,英国政府已经决定将全部庚子赔款退还给中国,并用于交通和教育事业。这就为我们的铁路建设提供了资金保障。

　　1932年年底,凌鸿勋正式走马上任。随后,他将株韶铁路工程局总部从广州迁至衡阳,并设在彭玉麟故居。前几年我独自去湖南旅游,还到过这个地方。彭玉麟故居又名退省庵,就在湘江东岸,门前有一副对联,上书"水得闲情,山多画意;门无俗客,楼有赐书",概括了周围的环境和主人的情趣。

　　经过三年多的努力,株韶铁路于1936年4月下旬在太平里车站接轨,这意味着粤汉路全线正式开通。对于这样一件大事,凌鸿勋没有举行任何仪式,也没有大肆宣传,而是亲自打下了最后一根道钉。

　　凌鸿勋除了致力于铁路建设之外,还在台湾担任石油公司董事长二十余年。近年来,大陆在铁路和石油两大领域的腐败案件层出不穷,在这方面凌鸿勋的清廉品德和敬业精神为大家提供了很好的借鉴。

位尊不掩是清名

——被遗忘的著名工程师沈君怡

1936 年 4 月，首届中国建筑展览会在上海开幕。据说这次展览会"因为得到全国建筑界的通力合作"，所以能够"将中国建筑艺术的过去的成绩，现在的实况，未来的趋势，汇集一堂"，从而给世人"清晰的印象"和"深刻的注意"①。正因为如此，展览会呈现出 1935 年"第六届全国运动大会后未曾有过的热闹"②。

我注意到，沈君怡（1901—1980）不仅是这次展览会的发起人之一，还与曾养甫并列为名誉副会长。曾养甫是国民党中央执行委员，并享有"中国土木水利（交通）建设之父"和"孙中山建国方略实践第一人"的美誉。相比之下，沈君怡却很少有人知道。

（一）家庭出身、社会关系

沈君怡原名沈景清，后改名沈怡（字君怡），1901 年出生于浙江嘉兴。他的父亲沈秉钧（字衍清，号叔和）是光绪年间举人。据沈君怡说，当时"科举已成弩末，我父亲自此也就绝意仕进，

---

① 上海通社编：《上海研究资料续集》，上海书店出版社，1984 年，第 459 页。
② 同上，第 481 页。

转身文化教育事业"。沈秉钧先是在嘉兴一带任教,后来"应聘为上海商务印书馆编辑"。在此期间,他曾经独立校订《资治通鉴》,并参与《新字典》和《辞源》的编纂工作①。

沈君怡有两个姐姐一个妹妹,她们及其丈夫都是显赫一时的人物。

大姐沈亦云(原名性真)是个敢作敢为的"女汉子"。辛亥革命那年她才十八岁,就在《申报》发表文章,号召妇女参军参战推翻清廷。随后她组织女子北伐敢死队,准备直捣北京。为此,陈其美称赞她虽是"女子之身,有慷慨兴师之志"。

沈亦云的丈夫是著名外交家黄郛。他在辛亥革命时被沪军都督陈其美招至上海,担任都督府参谋长兼第二师师长,当时蒋介石是他手下的一个团长。因为志趣相投,三人结拜为异姓兄弟。1933 年,黄代表中国政府与日本进行谈判,最终签订了《塘沽协定》,这使他成为一个誉满天下也谤满天下的人物。三年后,黄郛在上海病逝,享年五十六岁。沈亦云晚年定居美国,她撰写的《亦云回忆》被胡适给予很高评价。胡认为,"很少人能有这闲暇,有这文学修养,更少人能保存这许多难得的'第一手史料'"②。

二姐沈性仁自幼喜欢数学,她早年留学日本,后来因父亲生病而回国,入北京女子高等师范就读。1917 年她与北大教授、著名社会学家陶孟和结婚,并翻译介绍了许多世界名著,其中有王尔德的《遗扇记》(又名《少奶奶的扇子》)、德林瓦脱的历史剧《林肯》、法朗士的《哑妻》、詹姆士·斯蒂芬斯的《玛丽玛丽》

① 《沈怡自述》,台湾传记文学出版社,1985 年,第 1 页。
② 《亦云回忆》"胡函代序"影印件,台湾传记文学出版社,1971 年。

（与徐志摩合译）、培克耳·霍尔登的《生物学与人常生活》和房龙的《人类的故事》。据说《人类的故事》由商务印书馆出版后，一时间洛阳纸贵，在社会上掀起了经久不衰的"房龙热"。可惜到了20世纪80年代大陆再次出现"房龙热"的时候，许多人并不知道最早把房龙介绍到中国来的是沈性仁女士。

最近有研究认为，20世纪初的中国，是女翻译家群体崛起的时代，而沈性仁就是这个群体中最杰出的代表人物之一。除此之外，沈性仁还在胡适主编的《努力周报》上发表《一夜不安静》（译作）和《欧洲中世纪的武士与都市》。沈性仁才貌双全，引来无数的赞叹，其中金岳霖的藏头诗"性如竹影疏中日，仁是兰香静处风"最有代表性。

据沈亦云说，性仁因为家庭人口众多，曾在北京借钱买了一套房子。为了还债，她不但生活清苦，还不顾"多产而病"的身体"译书售稿"。为此，她积劳成疾，染上了当时无药可治的肺结核病。抗日战争中，沈怡君在兰州任职，她乘便前往治病，不料竟然在那里去世。为此，金岳霖写《悼念沈性仁》一文，以寄托自己的哀思。

沈君怡的小妹沈性元酷爱书法，擅长昆曲，也是个多才多艺的女子。她的丈夫钱昌照因为黄郛的关系，深受蒋介石的青睐。南京政府成立后，他曾经担任过外交部秘书、文官处简任秘书、教育部常务次长、国防设计委员会副秘书长、资源委员会副主任委员等职务。不过，沈君怡好像和他不是一路人。他说自己的这个妹夫有四大特点：一是"聪明乖巧有余，很能吸收别人的东西"；二是"任何专门问题，一经他过目，都能……头头是道的成了他独到之见"；三是"颇能识人用人，……有时未免贪小便宜",资源委员会的送礼之风与他有关;四是做事很有魄力,但也浪费了很多钱财。

沈君怡还说,钱昌照还有若干短处,其中最要命的是毫无根基却又目中无人。另外,胡适对钱昌照及其顶头上司翁文灏也有批评。他说,这两个人由于反对美国、羡慕苏俄,因此他们所办的资源委员会,在长达二十多年的时间里,垄断了中国的工矿业,并对私有企业进行蚕食鲸吞,甚至使其窒息而死。[①]

(二) 求学经历,初涉政治

沈君怡四岁识字,五岁入学,曾读过"一册孝经,一部孟子,半部论语",所以他自嘲地说:"我的国文根底说穿了,只是如此而已[②]。"

辛亥革命以后,他跟随亲戚到了青岛,入德国人办的黑兰大学堂(即中德特别高等专门学堂)就读,当时他才十一岁。第一次世界大战爆发后,日本乘机攻打青岛,学校被迫停办,学生转入上海同济医工专门学校,沈君怡插入语言科第二班(相当于中学三年级)。因年幼贪玩、课程艰深,他的学习成绩一直很差。直到父母双亡之后,他才如梦方醒有所转变。

1919 年五四运动以后,沈君怡经同学魏时珍和宗白华介绍,在上海参加了少年中国学会,并结识王光祈、左舜生、恽震、王崇植等人。沈君怡说,因为该会以"创造少年中国"为宗旨,

---

① 《胡适之先生年谱长编初稿》第 7 册,台湾联经出版公司,1984 年,第 2374 页。

② 《沈怡自述》,第 13 页。

"本科学的精神为社会的活动",再加上对会员要求相当严格,所以会员人数虽然不多,"但其分子可以说包括了南北各大学的优秀青年"①。

1920年,沈君怡以全校第一名的成绩从同济毕业,随后他参加了浙江省举行的选拔留学生考试并荣获第二名。当时该省共有五个留学名额,初试后加倍录取参加复试。复试在北京举行,沈君怡在复试中名列第五,本来应予录取,却因教育部临时插入一人,把他挤了下去。

事情过后,沈君怡对此有所反思。他认为这次失败除了自己"在中学时代游嬉心重,数理化基础没有打好"之外,当时的考试制度也有很多问题②。

这次参加复试的另外一个收获,就是他在北京与少年中国学会的成员多有聚会,地点不是在李大钊家,就是在中山公园或陶然亭。

1921年交通部公开招聘职员,沈怡君通过考试被分发到该部路政司工作。他本来对这个结果并不满意,但是上任不久却遇上一件改变命运的好事。有一天,路政司司长突然找到他,说部里有一个出国留学的名额,问他想不想去。当时沈君怡万万没有想到天上会掉下这么大的"馅儿饼"砸在自己头上。后来才知道,原来是交通总长叶恭绰因为政局变化而离任,所以在离任前要满足下属的一些要求,这种做法在当时俗称"起身炮"。但是叶总长怎么会想到渴望出国留学的沈君怡呢?起初沈以为是他的姐夫黄郛与叶恭绰打了招

---

① 《沈怡自述》,第39页。
② 同上,第41—42页。

呼,后来才知道是那位司长想让他成为自己的乘龙快婿,所以为他争取到这个名额。

出国之前,沈君怡还去南京参加少年中国学会第二届年会。会议期间,他认识了恽代英、张闻天、邓中夏、方东美、陈启天、杨效春等人。他认为:"以这样一群富热情有志气的中国青年,倘能在同一信仰、同一目标之下共同努力,于国家社会不知要发生多大作用。"不幸的是,其中许多人"竟如彗星一现,毫无一点成就,这也可说是国家毫无补偿的一种损失"①。

1921年9月,沈君怡进入德国德兰诗顿(又译德累斯顿、德勒斯登)工业大学,开始了为期四年的留学生活。这所大学历史悠久,是德国乃至欧洲最有名的大学之一。沈君怡到校后,恰逢他的大姐与黄郛来欧洲旅游。为了陪伴他们,沈君怡耽搁了半年学业,直到二人走后他才回到大学开始安心读书。

学校里有一位名叫恩格思的教授,是欧洲大陆水利界的泰斗。他虽然没有到过中国,但是对治理黄河却颇有研究。在他的熏陶下,沈君怡逐渐对水利产生浓厚的兴趣。

值得一提的是,当时在欧美留学的中国学生好像有一种重学问、轻学历的"名士风度",其中最典型的莫过于傅斯年和陈寅恪。一开始沈君怡也有这样的倾向,为此他和老同学郑肇经一道放弃了学位考试。直到临毕业时,教授们才知道这一情况。出于爱惜人才的考虑,教授们向有关部门发出呼吁,迫使教育当局向他们网开一面。最后,他们以优异的考

---

① 《沈怡自述》,第40页。

试成绩获得"特许工程师"的称号。紧接着沈怡君又获得工学博士的学位。

随后他专程前往美国,从波士顿出发,经过北卡罗来纳州的罗利、密苏里州的圣路易和港口城市新奥尔良,最后到达旧金山,几乎游遍了整个美国。

(三) 研究黄河,投身革命

1925 年四五月间,沈君怡从旧金山出发,经夏威夷、神户等地抵达上海。十多天以后,他回到北京交通部报到。

当时国民革命的风暴已经在南方兴起,但北京交通部还是死气沉沉,无所事事。交通部离京师图书馆很近,为了找点事做,沈君怡便想把自己的博士论文完善一下。这篇论文是《中国之河工》,其中对黄河水患做了详细的统计,因此受到美国土木工程师学会会长费礼门先生的充分肯定。为了进一步收集黄河资料,经科长批准,他可以不到科里上班,每天泡在图书馆里做他喜欢的工作。

在此期间,他因为二姐夫陶孟和的关系,认识了胡适、蒋梦麟、徐志摩、杨振声、王世杰、周鲠生、颜任光、彭学沛等一大批著名知识分子。在陶孟和的鼓励下,他写了几篇关于黄河的文章,发表在《现代评论》《东方杂志》和中国工程师学会的会刊上。正好笔者手头有全套《现代评论》复印本,在第四卷中除了他写的《黄河问题》(上、中、下)分三期连载外,还有《小说家与治河》《治理潜江县水患之商榷》等文章。其中《小说家与治河》介绍了《镜花缘》与《老残游记》中治理水患的故事,颇有可读性。

对于沈君怡的上述表现,他的两个姐姐看法不一。二姐对他十分欣赏,并把他引为同调;但是大姐却怕他成了"书呆子",劝他努力从政,学以致用。

正在这时,国民革命军攻克武汉,汉口市市长刘文岛邀请他前去帮忙,于是他停止手头工作去了武汉,出任该市工务局工程师兼设计科科长。当时国共两党尚未决裂,但汉口的形势已经极为混乱。时隔不久沈君怡便离开武汉去了上海。

当时白崇禧率领的国民革命军的前锋已经抵达嘉善附近。这时黄郛有一封重要信件需要送到白崇禧手中,于是他把这个任务交给了沈君怡。随后沈经历千辛万苦终于完成任务。据白崇禧回忆,他当时以东路军前敌总指挥的名义组织总指挥部,在讨论攻打上海的会议上,他不顾俄国顾问的反对,"率铁甲车以猛烈炮火压制沿河固守之敌,继以机关枪掩护步兵冲锋,敌始不支溃退"[①]。至于沈君怡说的这个细节,白没有谈到。

(四) 上海十年,功不可没

国民革命军攻克上海以后,鉴于上海是重要的工商业中心,但是其建制却是一个县,所以南京国民政府决定成立直属中央管辖的上海特别市。1927 年 7 月 7 日,上海特别市政府成立,黄郛担任市长并宣布政府人选,沈君怡担任工务局局长,当时沈还不到三十岁。

---

① 《白崇禧先生访问录》下册,台湾"中央研究院"近代史所编印,1989年,第 837 页。

当时上海的租界和华界，完全是两个世界。据说在此之前，曾担任淞沪商埠督办总务公办的著名学者丁文江说过这样的话："从租界到华界，就好像过了阴阳河，租界是阳界，华界是阴界。华界的马路、建筑、卫生，没有哪一件能与租界相比。这是我们国民最大的耻辱，比丧权辱国还要可耻得多。"黄郛出任市长时也指出："所谓全国第一巨大之上海埠，其精华悉在租界，界外之地，商业既萧条，居民又甚多，……故所谓大上海市者，细细分析，实属有名无实。"对于这种状况，蒋介石非常关注。他在亲临上海特别市成立大会时说："上海乃东亚第一特别市。无论中国军事经济交通等问题，无不以上海特别市为根据，若上海特别市不能整理，则中国军事、经济、交通等问题，即不能有头绪。"①

蒋介石讲话时，沈君怡就在现场。他说："市政府成立这一天，国民革命军蒋总司令特由南京赶来观礼，中央党部派古应芬，国民政府派郑毓秀代表监督。地方人士到的，有虞洽卿、冯少山、李平书等。市政府没有礼堂，所有的房间都很小，容不了这么多人，因此市长就职典礼就在外面院子里举行。蒋总司令、监督代表和就职的市长黄膺白（郛）先生都站立在走廊下，所有来宾则在院子里立着，一切虽是因陋就简，却也另有一番气象。"②

沈君怡上任后，遇上好几起突发事件：一是闸北苏州河上一座年久失修的木桥突然垮塌，一位正在现场的工务局技师因此掉进河里折了一条腿；二是南市的一个小菜场在早上人多的

---

① 《民国也有个造城运动》，《时代周报》2013 年 3 月 28 日。
② 《沈怡自述》，第 100 页。

时候突然倒塌,伤亡人数众多;三是闸北一个三层楼的茶馆突然垮掉,当时许多女工正在上面开会,因此死伤特别惨重。为了避免类似事故发生,沈君怡不得不把全部精力放在排查建筑物的安全隐患上。

随后,他又组织人员全面测量道路情况,并将未来规划公之于众。除此之外,他还根据黄郛的指示,一方面准备围绕公共租界和法租界修一条环路,目的是限制租界当局的"越界筑路";另一方面又把原来属于江苏的宝山、青浦等县纳入上海管辖范围。这样一来,所谓"大上海"的轮廓就基本形成了。

让人始料不及的是,就在上海特别市成立之后一个月左右,蒋介石忽然下野,黄郛也随之去职。随后,上海市市长换了好几任。但由于他们都奉行"萧规曹随"的施政方针,所以都没有影响到"大上海计划"的实施进程。

1928年10月,由沈君怡的主持制定的《上海分区计划草案》正式出炉,对上海城市的整体布局和未来交通做了详细合理的规划。这份文件最大的亮点是市政府的办公楼和市政广场。多年以后沈君怡仍然自豪地说:"上海尽管有极其考究的房屋,但如此宏伟庄严的中国建筑物,还找不到一个。我们若从大厦下面石阶拾级而上,走进那个大礼堂,真可说是美轮美奂,气象万千。"[①]他还说:当时"我初出茅庐,在上海市工务局的岗位上,一下子就待了十年有余。我的这点小小成绩,皆因上有贤明长官,下有齐心协力和同僚,际遇之好,在我三十年做

---

① 《沈怡自述》,第121页。

公务人员的历史记录上,是绝无仅有的"①。

众所周知,从 1927 年国民政府成立到 1937 年"卢沟桥事变",是中国历史发展的一个"黄金时代"。沈君怡在上海所取得的成就,就是很好的证明。

(五) 并非尾声

全面抗日战争开始后,沈君怡辗转于上海、武汉、香港、重庆、兰州等地,经历十分复杂。抗战胜利后,他还担任过大连、南京两市市长。大连市长因内战未能到任,至于南京市长的所作所为,则从当年《大公报》的一篇报道可以略见一斑。这篇报道的标题是《沈市长的作风》,文章说:

> 沈的作风是相当精明实干,为政不在多言,一切讲效率。他主持的市政会议,每次不超过一小时,纪念周不超过半小时,公文简单明了,尽量避免繁文缛节,他并且强调了用人的制度,只要用人得当,就不一定事必躬亲,像一般官场的习惯,反是于事无补的。他这一些办事精神博得了他属下的赞美。②

1949 年 4 月,沈君怡担任联合国防洪局局长,曾主持制定了《湄公河水利发展计划》。他认为该计划是"国际合作的示范"。

---

① 同上,第 134 页。
② 《沈怡自述》,第 232 页。

　　1960年,沈君怡应召返回台湾,又返回"交通部"担任"部长"一职。想当年他通过招聘考试在交通部找到人生的第一份工作,至此已经将近四十年了。当时台湾正在为经济起飞做准备,沈君怡就任此职,具有举足轻重的作用。

　　1980年沈君怡去世后,王开节先生曾写下"事大记曾容众议,位尊不掩是清名"的诗句。用这两句诗来概括沈君怡的一生,可谓恰如其分。

后　记

拙稿即将付梓，我在微信中看到肖雪慧悼念王建勋的两篇文章，其中不仅谈到编辑是"为他人作嫁衣"的无名英雄，还强调"好的编辑在推进思想、学术进步上，具有举足轻重的作用"。我看到以后立即转发到朋友圈，并且加了一句："正因为如此，他们就更值得人们关注和尊敬。"

浙江大学是有光荣传统的，因为它的老校长是竺可桢先生。前几年去杭州，我还专门去学校瞻仰了他的塑像。虽然小了一点，但还是觉得特别伟岸。

在这里，我要感谢浙江大学出版社的相关人员特别是责任编辑罗人智。如果这本小册子能够引起大家对民国以来科学家群体的关注，甚至能在思想、学术的进步上起一点抛砖引玉的作用，也算没有辜负他们的努力和期望。

智效民

2016 年 6 月 29 日于北京平西府三流堂

图书在版编目(CIP)数据

赛先生在中国：18位著名科学家的人生侧影/智效民著.—杭州：浙江大学出版社，2017.10

ISBN 978-7-308-16373-6

Ⅰ.①赛… Ⅱ.①智… Ⅲ.①科学家—列传—中国—现代 Ⅳ.①K826.1

中国版本图书馆 CIP 数据核字（2016）第 263370 号

赛先生在中国

——18 位著名科学家的人生侧影

智效民　著

责任编辑	罗人智	
责任校对	虞雪芬	
封面设计	尚书堂	
出版发行	浙江大学出版社	
	（杭州市天目山路 148 号　邮政编码 310007）	
	（网址：http://www.zjupress.com）	
排　　版	杭州林智广告有限公司	
印　　刷	杭州钱江彩色印务有限公司	
开　　本	880mm×1230mm　1/32	
印　　张	6.875	
字　　数	145 千	
版 印 次	2017 年 10 月第 1 版　2017 年 10 月第 1 次印刷	
书　　号	ISBN 978-7-308-16373-6	
定　　价	36.00 元